열린 한국어

Beginner's Book

English Version

한글을 배워요!

Let's Learn Hangeul!

JN351851

김윤진
한양대학교 교육대학원 외국인을 위한 한국어교육 석사
한국국제교류재단 문화센터 한국어교실 교사
현) 한양대학교 국제교육원 교육원 교수

천성옥
이화여자대학교 국제대학원 한국학과 한국어교육 석사
한글학회 외국인 한국어교원 연수 프로그램 한국문화 초청 강사
국립한경대학교 국제어학원 한국어 강사
현) 인덕대학교 국제어학원 한국어 강사
현) 한국국제교류재단 문화센터 한국어교실 팀장
저서 '셰프한국어'(중국판 출판)
　　　한국어능력시험(TOPIK) 대비서
　　　'한 번에 패스하기' 공동 집필(중국·일본판 출판)

1판 1쇄 2012년 1월 26일
1판 7쇄 2025년 6월 30일

글쓴이 한국어교육열린연구회

펴낸이 박영호
기획팀 송인성, 김선명, 김선호
편집팀 박우진, 김영주, 김정아, 최미라, 전혜련, 박미나
관리팀 임선희, 정철호, 김성언, 권주련

펴낸곳 (주)도서출판 하우
주소 서울시 중랑구 망우로68길 48
전화 (02)922-7090
팩스 (02)922-7092
홈페이지 http://www.hawoo.co.kr
e-mail hawoo@hawoo.co.kr
등록번호 제2016-000017호

값 10,000원
ISBN 978-89-7699-871-2

copyright © 2025 by 한국어교육열린연구회

이 책의 저작권은 저자에게 있습니다.
서면에 의한 저자의 허락 없이 내용의 일부를 인용하거나 발췌하는 것을 금합니다.

이 책의 구성 The Book Structure

소개 Introduction

한글을 창제한 세종대왕과 한글의 창제 원리를 재미있는 삽화로 알기 쉽게 설명하였습니다.

The principles of Hangeul and King Sejong, the creator of Hangeul, are explained with amusing illustrations.

단원 1-4 Chapter 1-4

Point

각 단원에서 학습할 한글 자모의 획순과 발음, 음절 구성을 제시합니다.

In each chapter, the sequence of stroke order, pronunciation and structure of syllables involved in Hangeul are presented.

Practice / Activity

획순에 맞게 쓰기, 읽기, 듣고 답 고르기, 듣고 쓰기 등 다양한 형태의 연습문제와 활동을 통해 한글을 익히게 됩니다.

Hangeul can be mastered through the following exercises and activities presented in these chapters.
- writing the correct stroke order
- listening and selecting answers
- reading
- listening and writing

Self-Checking / Review

해당 단원의 학습 내용에 대해 스스로 점검해 보는 항목과 새 단원 학습 전 복습 문제를 제공합니다.

At the end of each chapter, self-checking questions and exercises are presented.

부록 Appendix

한글 자모를 익힌 후 본격적인 한국어 학습에 앞서 여러 가지 활동을 통해 주제별 어휘를 접할 수 있습니다.

After mastering Hangeul, vocabulary can be studied in categories to prepare for the next step of learning Korean.

차례 Contents

이 책의 구성 The Book Structure ·· 3

Introduction

1. 세종대왕과 한글 Hangeul(Korean Alphabet) and King Sejong ·············· 5
2. 한글의 제자 원리 Principle of Composing Hangeul ······························· 6
3. 모음조화 Combination of the Vowels ·· 8

1과 (1) 모음자 1 Vowels 1
ㅏ ㅓ ㅗ ㅜ ㅡ ㅣ ㅐ ㅔ ·· 9

(2) 자음자 1 Consonants 1
ㄱ ㄴ ㄷ ㄹ ㅁ ㅂ ㅅ ㅈ ·· 17

2과 (1) 이중모음자 1 Combined Vowels 1
ㅑ ㅕ ㅛ ㅠ ㅒ ㅖ ··· 27

(2) 자음자 2 Consonants 2
ㅊ ㅋ ㅌ ㅍ ㅎ ·· 37

3과 받침 1 Final Consonant 1
ㄴ ㄹ ㅁ ㅇ ·· 47

받침 2 Final Consonant 2
ㄱ ㄷ ㅂ ㅅ ㅈ ㅊ ㅋ ㅌ ㅍ ㅎ ·· 52

4과 (1) 이중모음자 2 Combined Vowels 2
ㅘ ㅝ ㅙ ㅞ ㅚ ㅟ ㅢ ·· 61

(2) 자음자 3 Consonants 3
ㄲ ㄸ ㅃ ㅆ ㅉ ··· 71

Appendix

1. 한글 자모의 발음 Pronunciation of the Vowels & Consonants of Hangeul ···· 79
2. 숫자 Numbers ··· 80
3. 몸 Body ··· 81
4. 한국 음식 Korean Food ·· 83
5. 내 물건 My Things ·· 84
6. 한국어의 로마자 표기 Conversion of Korean into Roman Alphabet ······· 86

듣기 대본 및 정답 Listening Script & Answer ······································· 88

Introduction 1   세종대왕과 한글 Hangeul(Korean Alphabet) and King Sejong

한글(the Korean Alphabet)은 조선왕조 제4대 임금인 세종대왕이 1443년에 창제하여 1446년에 반포하였습니다.

The Korean Alphabet was created in 1443 by King Sejong, the 4th King of the Joseon dynasty and proclaimed in 1446.

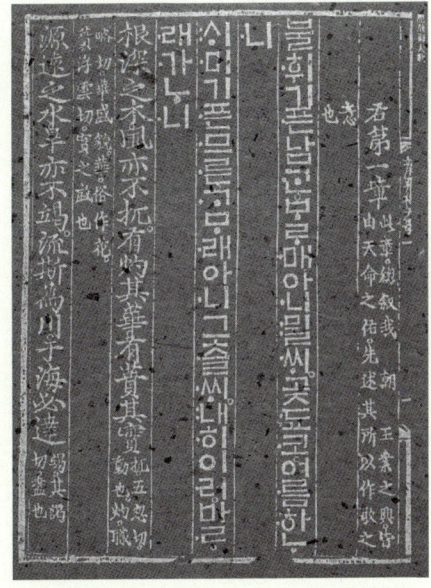

한글 창제 이전에는 중국 한자의 뜻과 음을 사용하여 한국어를 나타냈는데 한자를 모르는 일반 백성들은 자신의 생각을 글로 표현할 수 없었습니다. 그래서 세종대왕은 백성들이 널리 사용할 수 있도록 쉬운 문자를 만들었습니다.

Before the creation of Hangeul, the meaning and sounds were borrowed from Chinese characters and were used to express Korean language in writing.
However, commoners who could not read Chinese characters were unable to express their thoughts in writing. Therefore King Sejong created a simple writing system that could be used widely.

Introduction 2   한글의 제자 원리   Principle of Composing Hangeul

현재의 한글은 모음자 10개, 자음자 14개로 이루어져 있으며 이것을 사용하여 19개의 자음과 21개의 모음을 쓰고 읽을 수 있습니다.

Modern Hangeul consists of 10 vowels and 14 consonants. By using them in combination, a total of 19 consonants and 21 vowels can be written and read.

모음자는 하늘, 땅, 사람을 형상화한 3개의 기본자 '• ㅡ ㅣ'를 바탕으로 그것을 조합하여 'ㅏ ㅓ ㅗ ㅜ' 4개의 글자가 만들어졌습니다. 그리고 다시 'ㅑ ㅕ ㅛ ㅠ'의 이중모음자가 만들어졌습니다. 나머지 모음도 이들 글자를 조합하여 표현할 수 있습니다.

The vowels are formed based on the three basic signs, '• ㅡ ㅣ', which represents the sky, land, and person, respectively. Based on the combination of these signs, the following 4 vowels of 'ㅏ ㅓ ㅗ and ㅜ' has been made. Then, by adding an extra line to each of these vowels lead to the creation of 'ㅑ ㅕ ㅛ and ㅠ.' Other types of combined vowels/complex vowels can be expressed via the combination of the vowels mentioned above.

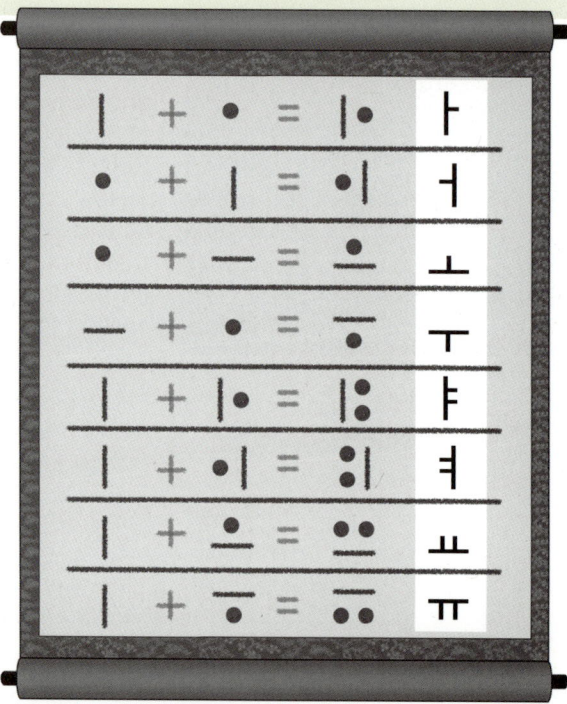

자음자는 발음할 때의 입술과 혀, 목구멍의 모양을 상형하여 만들었으며 'ㄱ ㄴ ㅁ ㅅ ㅇ'의 기본자에 획을 더하거나 이렇게 만든 글자를 같이 써서 자음을 표현합니다. 아래의 19자는 오늘날 사용하고 있는 글자입니다.

The formation of the basic consonants resembles the shape of the lips, tongue and throat when pronouncing those consonants. Further consonants are made by adding strokes to these basic consonants. The 19 consonants below are used presently.

*한글 창제 당시 쓰이던 다른 글자 대신 현재는 'ㅇ'을 받침으로 사용합니다.
'ㄹ'은 획을 더했으나 예외적인 모양입니다.

Instead of other characters used at the time when Hangeul was first created, the letter 'ㅇ' is now used as a consonant. While the letter 'ㄹ' has an added stroke, the shape of it can be considered as an exception.

Introduction 7

Introduction 3   모음조화 Combination of the Vowels

모음은 밝고 가벼운 느낌의 양성모음(ㅏ, ㅗ, ㅐ, ㅘ 등)과 무겁고 어두운 느낌의 음성모음(ㅓ, ㅜ, ㅔ, ㅝ 등)으로 나눌 수 있으며 양성모음은 양성모음끼리, 음성모음은 음성모음끼리 어울리는 현상을 모음조화라고 합니다. 모음조화는 의성어나 의태어에서 두드러지며 동사와 형용사가 어미와 결합할 때도 적용됩니다.

Vowels can be divided into 'bright and light' sounds such as the positive vowels (ㅏ, ㅗ, ㅐ, ㅚ) and for 'heavy and dark' sounds such as the negative vowels (ㅓ, ㅜ, ㅔ, ㅝ). Positive vowels tend to combine with positive vowels tend to combine with negative vowels. This phenomena is referred to as vowel harmony. Onomatopoeic and mimetic words in Korean such as '반짝반짝, 번쩍번쩍' are characterized by their combinations of 'bright' and 'dark' sounds.

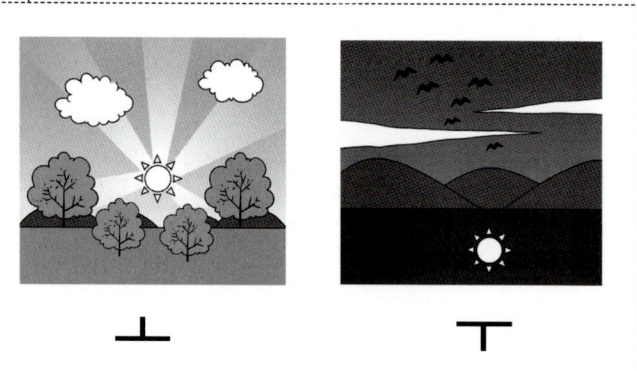

'ㅏ'와 'ㅗ'는 해가 동쪽에서 지평선 위로 떠오르는 모습처럼 밝은 느낌을 줍니다. 한편 'ㅓ'와 'ㅜ'는 해가 서쪽에서 지평선 아래로 지는 모습처럼 어두운 느낌을 줍니다. 이들 모음자를 합하여 이중모음자를 만들 경우에도 'ㅏ'는 'ㅗ'와, 'ㅓ'는 'ㅜ'와 어울려 'ㅘ, ㅝ'를 이루며 'ㅗㅓ', 'ㅜㅏ'는 존재하지 않습니다.

The vowels 'ㅏ' and 'ㅗ' are shaped to represent the sun rising from the east side of the sky, giving off a 'bright' feel when pronounced. On the other hand, the vowels 'ㅓ' and 'ㅜ' are shaped to represent the sun setting to the west side of the sky, giving off a 'dark' feel. When combining these vowels the 'bright' vowels ('ㅏ' and 'ㅗ') pair with each other to create the double vowel 'ㅘ'. Similarly the 'dark' vowels ('ㅜ' and 'ㅓ') pair with each other resulting in the double vowel 'ㅝ'. In this context, 'bright' vowels and 'dark' vowels cannot be combined. (i.e., the combination of 'ㅗ' + 'ㅓ' or 'ㅜ' + 'ㅏ' does not exist)

모음자 1
Vowels 1

1과 (1)

Point

Vowels 1
Hangeul & Syllable Structure 1

ㅏ ㅓ ㅗ ㅜ ㅡ ㅣ ㅐ ㅔ
Vowel

■ 모음자 1 Vowels 1

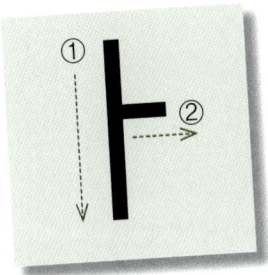 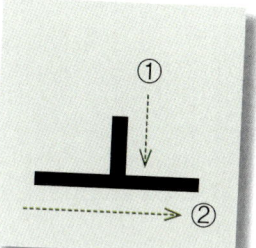  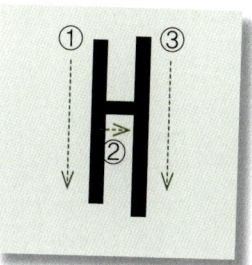

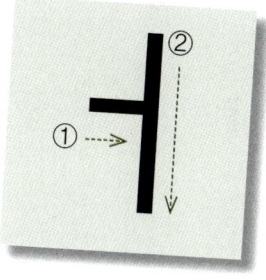 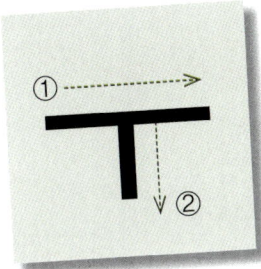 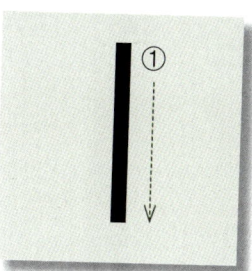 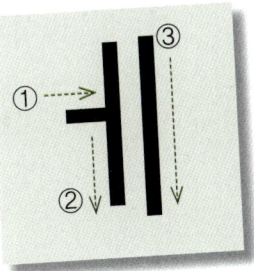

Writing order 1
up to down

Writing order 2
left to right

1과 (1)_모음자 1 9

■ 한글과 음절 구조 1 - 모음
Hangeul & Syllable Structure 1 - Vowel

모음자를 쓸 때는 'ㅇ'이 필요합니다. 'ㅇ'은 소리가 나지 않습니다.
When you write vowels, you need 'ㅇ'. 'ㅇ' is silent.

'아' 와 '아'는 같은 글자입니다. '아'는 인쇄체이므로 필기할 때에는 'ㅣ'처럼 구부려 쓸 필요가 없습니다.
'아' and '아' are the same letter just written in different fonts. '아' is a printed form of the letter. So, when writing it down, it is not necessary to curve the vowel 'ㅣ'.

■ 모음자를 쓰세요. Write the vowels.

ㅏ	[a]	아	ㅇ	이	아	
ㅓ	[eo]	어	ㅇ	ㅇ-	어	
ㅗ	[o]	오	ㅇ	ㅇ	오	
ㅜ	[u]	우	ㅇ	ㅇ	우	
ㅡ	[eu]	으	ㅇ	으		
ㅣ	[i]	이	ㅇ	이		
ㅐ	[ae] *[e]	애	ㅇ	이	아	애
ㅔ	[e]	에	ㅇ	ㅇ-	어	에

*각 글자의 이름과 발음은 같습니다. Pronunciation and the name of each letter are the same.

*'ㅐ'와 'ㅔ'의 발음은 같지 않지만 현재는 거의 같게 발음됩니다.
Pronunciations of 'ㅐ' and 'ㅔ' are not the same, but they are pronounced almost identically these days.

발음할 때 입 모양과 혀의 위치를 확인하세요.
Make sure to check the shape of your lips and the position of your tongue when pronouncing a letter.

 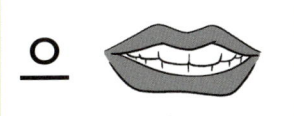

'으'를 발음할 때와 입 모양은 같지만 혀는 앞니 뒤에 위치합니다.
When pronouncing '으', the lips shape is the same but the tongue must be behind the front teeth.

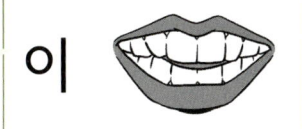

 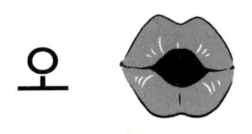 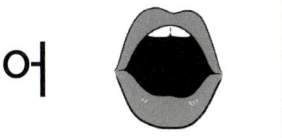

'우'를 발음할 때처럼 입술을 동그랗게 하지만 입은 좀 더 크게 벌립니다.
Like pronouncing '우', the lips should be rounded but the mouth should be formed larger.

Practice 1 듣고 맞는 것을 고르세요.
Listen and choose the correct one.

(1) ① 아 ② 어   (2) ① 으 ② 이
(3) ① 어 ② 오   (4) ① 오 ② 우
(5) ① 어 ② 우   (6) ① 애 ② 이

Practice 2 듣고 음절을 쓰세요.
Listen and write the syllables.

(1) 애 ⋯ ☐ ⋯ ☐

(2) ☐ ⋯ ☐ ⋯ ☐

(3) ☐ ⋯ ☐ ⋯ ☐

'에' 아니면 '애'? 무엇일까요? 외국인들은 이들 모음을 구별하는 데 어려움을 느끼며 한국인조차도 때때로 어려워합니다. 그때에는 '에'는 '어', '이', '애'는 '아', '이'로 풀어서 설명합니다.

Which one is it '에' or '애'? Foreigners have difficulties distinguishing these letters. Even Koreans have difficulties sometimes. The character '에' consists of '어' and '이', '애' consists of '아' and '이'.

Practice 3 듣고 글자를 연결하세요.
Listen and connect the letters in order they are heard.

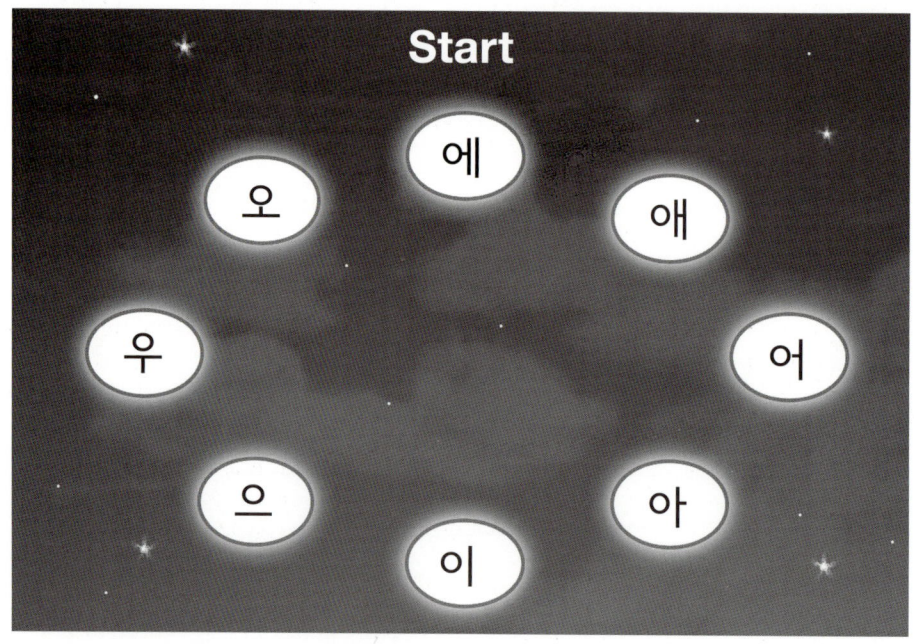

Activity 1 다음 글자들을 읽어 보세요. 빨리 정확히 읽는 팀이 이겨요.
Please read the following letters. The team that reads the words most rapidly and correctly is the winner.

(1) 이 에 애 이 에 애

(2) 으 어 아 우 오

(3) 으 우 오 우 오

(4) 오 우 으 이

■ 단어를 읽고 쓰세요. Read and write the words.

2	이		이
5	오		오이
	아이	A	에이

Practice 4 듣고 맞는 것을 고르세요.  Track 04
Listen and choose the correct one.

(1) ① 아이 ② 어이   (2) ① 우아 ② 오아
(3) ① 으이 ② 오이   (4) ① 우어 ② 우애
(5) ① 에이 ② 이에   (6) ① 우오 ② 오우
(7) ① 이오 ② 으우   (8) ① 어아 ② 오어

Practice 5 듣고 <보기>와 같이 표시하세요.
Listen and mark the letters you heard as examples.

<보기>

아	이
어	으

(1)

아	어
우	오

(2)

에	으
아	이

(3)

이	으
어	우

(4)

어	우
아	애

(5)

오	어
이	으

Practice 6 듣고 글자를 쓰세요.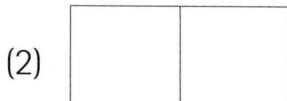
Listen and write the letters.

(1)
(2)
(3)
(4)
(5)
(6)

Activity 2 카드의 글자를 읽고 친구에게 귓속말로 전달하세요.
마지막 사람이 칠판에 글자를 쓰세요.
Read the letters in the cards and whisper them to your friends.
The last person writes the letters on the board.

 **Self-Checking**

(1) 나는 'ㅇ'과 함께 모음자 'ㅏ ㅓ ㅗ ㅜ ㅡ ㅣ ㅐ ㅔ'를 순서에 맞게 쓸 수 있습니다.
　　I can write the vowel letters 'ㅏ ㅓ ㅗ ㅜ ㅡ ㅣ ㅐ ㅔ' in order with 'ㅇ'.

　　　　　　　　　　　　　　no ☐☐☐☐☐ yes

(2) 나는 'ㅓ', 'ㅗ', 'ㅜ', 'ㅡ'의 차이를 인식하고 정확하게 발음할 수 있습니다.
　　I can distinguish the differences between 'ㅓ', 'ㅗ', 'ㅜ', and 'ㅡ', and I pronounce them correctly.

　　　　　　　　　　　　　　no ☐☐☐☐☐ yes

(3) 나는 'ㅏ ㅓ ㅗ ㅜ ㅡ ㅣ ㅐ ㅔ'가 포함된 글자를 읽을 수 있습니다.
　　I can properly read letters that include the vowels 'ㅏ ㅓ ㅗ ㅜ ㅡ ㅣ ㅐ and ㅔ'.

　　　　　　　　　　　　　　no ☐☐☐☐☐ yes

Review 1

1. 듣고 따라 읽으세요. Listen following each letter and read it.

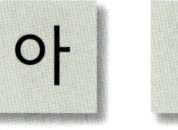 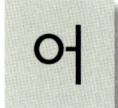  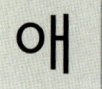

 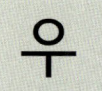

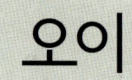 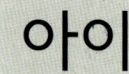 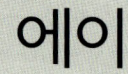

2. 듣고 맞는 것을 고르세요. Listen and choose the correct one.

(1) ① 아　② 이　　　　(2) ① 어　② 우

(3) ① 오　② 우　　　　(4) ① 으　② 어

(5) ① 에이　② 어이　　(6) ① 우애　② 으애

(7) ① 오우　② 우오　　(8) ① 으이　② 이으

3. 듣고 글자를 쓰세요. Listen and write the letters.

(1) □□　　　　　　　(2) □□

(3) □□　　　　　　　(4) □□

1과 (2) 자음자 1
Consonants 1

Point

Consonants 1 ㄱ ㄴ ㄷ ㄹ ㅁ ㅂ ㅅ ㅈ
Hangeul & Syllable Structure 2 Consonant + Vowel

■ 자음자 1 Consonants 1

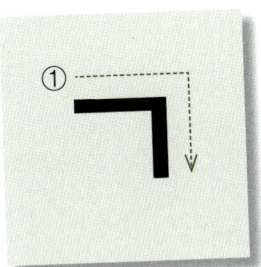 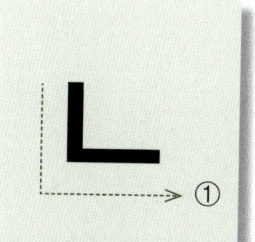  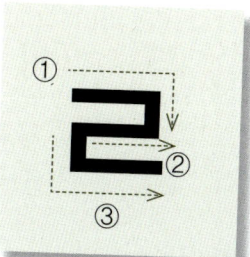
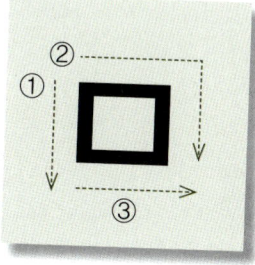 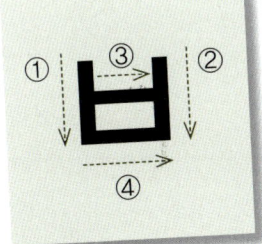 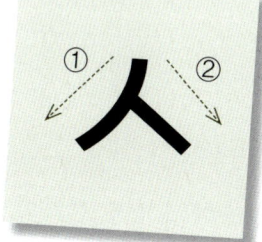 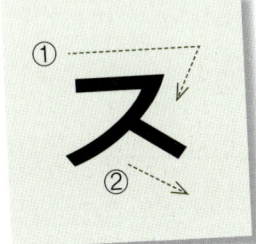

1. 각 자음자의 모양은 자음을 발음할 때의 입술이나 혀의 모양을 나타낸 것입니다.
   Each shape of the consonant letter comes from the shape of the lips or the tongue when the consonant is pronounced.

      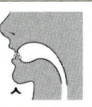

2. 'ㄴ'과 'ㄷ', 'ㅁ'과 'ㅂ'은 같은 위치에서 발음되기 때문에 글자의 모양이 비슷합니다. 그렇지만 'ㄴ'과 'ㅁ'은 비음입니다.
   Shapes of 'ㄴ' and 'ㄷ', 'ㅁ' and 'ㅂ' are similar because they are pronounced with similar forms, but 'ㄴ' and 'ㅁ' are nasal sounds.

'ㅈ'과 'ㅈ'은 같은 글자입니다. 'ㅈ'은 인쇄체입니다.
'ㅈ' and 'ㅈ' are the same letters. 'ㅈ' is a printed letter.

■ **자음자를 쓰세요.** Write the consonants.

ㄱ	[g]	ㄱ				
ㄴ	[n]	ㄴ				
ㄷ	[d]	ㅡ	ㄷ			
ㄹ	[r]	ㄱ	ㄹ	ㄹ		
ㅁ	[m]	ㅣ	ㄱ	ㅁ		
ㅂ	[b]	ㅣ	ㅣㅣ	ㅂ	ㅂ	
ㅅ	[s/sh]	ノ	ㅅ			
ㅈ	[j]	ㄱ	ㅈ			

*자음은 홀로 발음되지 못하며 별도의 이름이 있습니다.
Consonants cannot be pronounced alone and they have their own names.

*'ㄱ, ㄷ, ㅂ, ㅈ'이 음절의 첫소리일 때는 부드러운(약한) [k, t, p, ch]와 비슷하게 발음됩니다.
When 'ㄱ, ㄷ, ㅂ or ㅈ' is the first sound of the syllable, it is pronounced similar to the soft [k, t, p, ch].

*'ㄹ'의 발음은 [r]과 비슷하지만 혀가 입천장을 살짝 건드립니다.
The 'ㄹ' sound is similar with [r], but the tongue touches the roof of the mouth slightly.

■ 한글과 음절 구조 2 - 자음 + 모음
Hangeul & Syllable Structure 2 - Consonant + Vowel

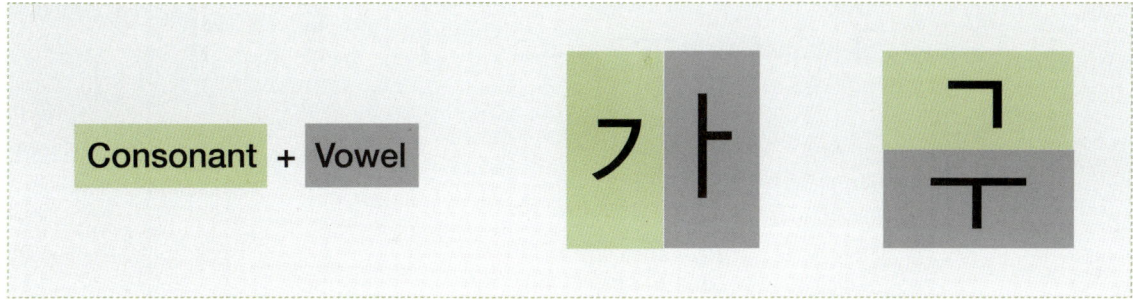

■ <보기>와 같이 자음자와 모음자를 함께 쓰세요.
Combine consonants and vowels as examples.

<보기>　ㄱ + ㅏ → 가

(1) ㄴ + ㅓ →

(2) ㄷ + ㅐ →

(3) ㄹ + ㅗ →

(4) ㅁ + ㅜ →

1. 자음자는 'ㅏ ㅓ ㅣ ㅐ ㅔ'와 같은 수직적인 모음자의 왼쪽에 위치합니다.
   Consonants are located on the left side of vertical vowels such as 'ㅏ ㅓ ㅣ ㅐ ㅔ'.

2. 자음자는 'ㅗ ㅜ ㅡ'와 같은 수평적인 모음자의 위쪽에 위치합니다.
   Consonants are located on the upper side of horizontal vowels such as 'ㅗ ㅜ ㅡ'.

■ 자음자와 모음자를 함께 쓰세요. Write consonants and vowels together.

	ㅏ	ㅓ	ㅗ	ㅜ	ㅡ	ㅣ	ㅐ	ㅔ
ㄱ	가			구				
ㄴ		너						
ㄷ			도					
ㄹ				루				
ㅁ					므			
ㅂ						비		
ㅅ							새	
ㅇ								에
ㅈ								제

'ㄱ' 모양에 주의하세요. 수직적인 모음자와 쓸 경우 약간 휜 모양이지만 수평적인 모음자와 쓸 경우에는 직선입니다.

Be careful of the 'ㄱ' shape. It curves when it is written with vertical vowels, but it goes down straight with horizontal vowels.

ㄱ + ㅏ → 가   ㄱ + ㅜ → 구

Practice 1 듣고 맞는 것을 고르세요.
Listen and choose the correct one.

(1) ① 나 ② 너   (2) ① 무 ② 모
(3) ① 부 ② 버   (4) ① 사 ② 시
(5) ① 고 ② 노   (6) ① 대 ② 래
(7) ① 무 ② 부   (8) ① 시 ② 지

Practice 2 듣고 맞는 자음자를 골라 쓰세요.
Listen and write the correct consonant letter.

(1) ㅏ (ㄱ, ㄴ)   (2) ㅗ (ㅅ, ㅈ)
(3) ㅐ (ㄴ, ㄷ)   (4) ㅓ (ㄷ, ㄹ)
(5) ㅜ (ㅁ, ㅂ)   (6) ㅣ (ㅅ, ㄱ)

Practice 3 듣고 음절을 쓰세요.
Listen and write the syllables.

(1) ☐ → ☐ → ☐ → ☐
(2) ☐ → ☐ → ☐ → ☐
(3) ☐ → ☐ → ☐ → ☐

■ 단어를 읽고 쓰세요. Read and write the words.

	가게		구두
	개		모자
	다리		새
	비누		주스
	아버지		어머니

Practice 4 듣고 맞는 것을 고르세요.
Listen and choose the correct one.

(1) ① 나 무   ② 가 무

(2) ① 시 도   ② 지 도

(3) ① 보 수   ② 고 수

(4) ① 도 로   ② 도 모

(5) ① 부 모   ② 부 도

Practice 5 듣고 글자를 완성하세요.
Listen and complete the words.

(1) ㅣ ㅜ   (2) ㅏ ㅓ ㅣ

(3) ㅏ ㅣ   (4) ㅗ ㅜ ㅏ

(5) ㅔ ㅐ   (6) ㅏ ㅓ ㅣ

(7) ㅓ ㅡ   (8) ㅏ ㅣ ㅗ

Practice 6 듣고 글자를 쓰세요.
Listen and write the words.

(1) | | |

(2) | | |

(3) | | |

(4) | | | |

(5) | | |

(6) | | |

Activity 1 듣고 맞는 것을 찾으세요.
Listen and find the correct letter.

머	버	구	머	고	가
스	모	두	자	비	구
서	자	기	누	노	버
사	노	나	무	지	시
누	나	모	리	머	리

Activity 2 듣고 친구와 함께 글자를 만드세요. Listen and make words with your friend.

Self-Checking

(1) 나는 자음자 'ㄱ ㄴ ㄷ ㄹ ㅁ ㅂ ㅅ ㅈ'을 순서에 맞게 쓸 수 있습니다.
I can write the consonant letters 'ㄱㄴㄷㄹㅁㅂㅅㅈ' in that order.

no ☐☐☐☐☐ yes

(2) 나는 자음자 'ㄱ ㄴ ㄷ ㄹ ㅁ ㅂ ㅅ ㅈ'과 모음자 'ㅏ ㅓ ㅗ ㅜ ㅡ ㅣ ㅐ ㅔ'를 함께 위치에 맞게 쓸 수 있습니다.
I can write the letters of the consonants 'ㄱㄴㄷㄹㅁㅂㅅㅈ' and the vowels 'ㅏ ㅓ ㅗ ㅜ ㅡ ㅣ ㅐ ㅔ' together in their proper positions.

no ☐☐☐☐☐ yes

(3) 나는 자음자 'ㄱ ㄴ ㄷ ㄹ ㅁ ㅂ ㅅ ㅈ'이 포함된 글자를 읽을 수 있습니다.
I can properly read letters that include the consonants 'ㄱ ㄴ ㄷ ㄹ ㅁ ㅂ ㅅ and ㅈ'.

no ☐☐☐☐☐ yes

Review 2

1. 듣고 따라 읽으세요. Listen following each letter and read it.

가	나	다	라	마	바	사	아	자
구	누	두	루	무	부	수	우	주
기	니	디	리	미	비	시	이	지
개	내	대	래	매	배	새	애	재

2. 듣고 맞는 것을 고르세요. Listen and choose the correct one.

(1) ① 구　② 누　　　　(2) ① 머　② 버

(3) ① 새　② 재　　　　(4) ① 도　② 로

(5) ① 너두　② 너무　　(6) ① 수기　② 수비

(7) ① 부고　② 두고　　(8) ① 조리　② 고리

3. 듣고 글자를 쓰세요. Listen and write the words.

(1) 　　　　(2)

(3) 　　　　(4)

2과 (1) 이중모음자 1
Combined Vowels 1

Point

Combined Vowels 1	ㅑ ㅕ ㅛ ㅠ ㅒ ㅖ
Hangeul & Syllable Structure	Vowel, Consonant + Vowel

■ 이중모음자 1 Combined Vowels 1

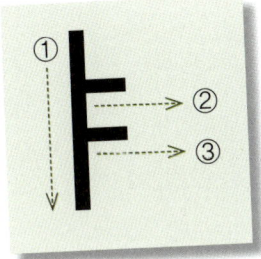 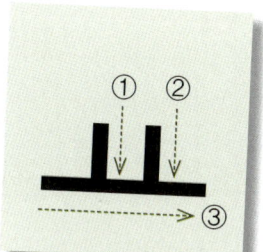 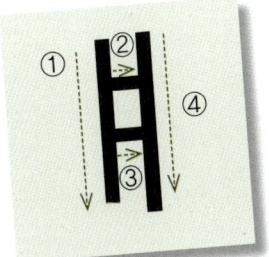

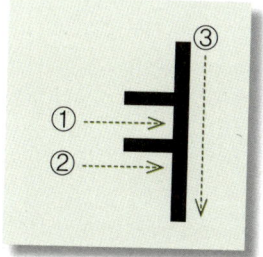 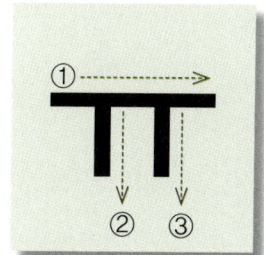 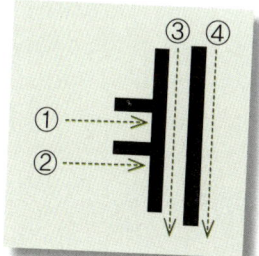

'ㅑ ㅕ ㅛ ㅠ ㅒ ㅖ'는 'ㅏ ㅓ ㅗ ㅜ ㅐ ㅔ'보다 획이 하나 더 많고 발음할 때 [y]가 더해집니다.
'ㅑ ㅕ ㅛ ㅠ ㅒ ㅖ' has one more stroke than 'ㅏ ㅓ ㅗ ㅜ ㅐ ㅔ' and the [y] sound is added when pronouncing.

아[a] → 야[ya]   오[o] → 요[yo]

■ 모음자를 쓰세요. Write the vowels.

ㅑ	[ya]	ㅣ	ㅏ	ㅑ		
ㅕ	[yeo]	ㅡ	ㅡ	ㅕ		
ㅛ	[yo]	ㅣ	ㅣㅣ	ㅛ		
ㅠ	[yu]	ㅡ	ㅜ	ㅠ		
ㅒ	[yae] *[ye]	ㅣ	ㅏ	ㅑ	ㅒ	
ㅖ	[ye]	ㅡ	ㅡ	ㅕ	ㅖ	

■ 한글과 음절 구조 - 모음, 자음 + 모음
Hangeul & Syllable Structure - Vowel, Consonant + Vowel

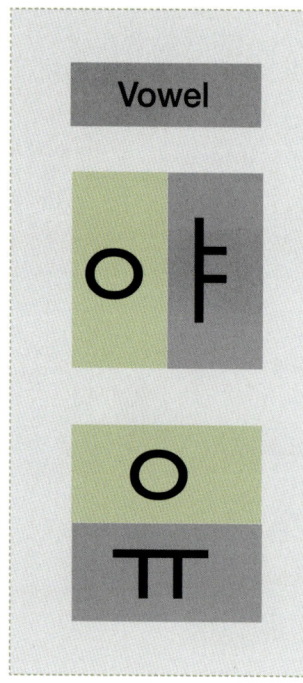

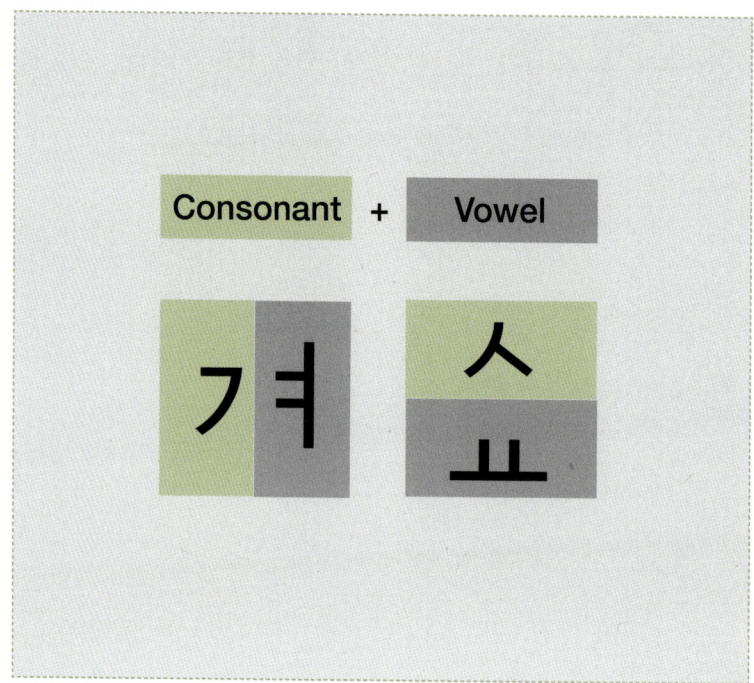

■ **<보기>와 같이 자음자와 모음자를 함께 쓰세요.**
Combine consonants and vowels as examples.

<보기> ㄱ + ㅖ → 계

(1) ㅅ + ㅑ →

(2) ㄹ + ㅕ →

(3) ㄱ + ㅛ →

(4) ㄴ + ㅠ →

(5) ㅂ + ㅕ →

(6) ㅅ + ㅠ →

(7) ㅁ + ㅛ →

(8) ㄹ + ㅖ →

※ '쟈, 져, 죠, 쥬, 졔, 쟤'는 [자, 저, 조, 주, 제, 재]로 발음됩니다.
쟈, 져, 죠, 쥬, 졔, 쟤 is pronounced as [자, 저, 조, 주, 제, 재].

Practice 1 듣고 맞는 것을 고르세요.
Listen and choose the correct one.

(1) ① 우   ② 유   (2) ① 애   ② 얘
(3) ① 야   ② 여   (4) ① 요   ② 유
(5) ① 려   ② 료   (6) ① 슈   ② 쇼

Practice 2 듣고 맞는 모음자를 골라 쓰세요.
Listen and write the correct vowel letter.

(1) ㅁ (ㅓ, ㅕ)   (2) ㄱ (ㅗ, ㅛ)
(3) ㅇ (ㅑ, ㅒ)   (4) ㅅ (ㅕ, ㅑ)
(5) ㄹ (ㅛ, ㅠ)   (6) ㅁ (ㅕ, ㅛ)

Practice 3 듣고 음절을 쓰세요.
Listen and write the syllables.

(1) □ → □ → □ → □

(2) □ → □ → □ → □

(3) □ → □ → □ → □

■ 단어를 읽고 쓰세요. Read and write the words.

	우유		여자
	요리		야구
	여우		시계
	교수		메뉴

Practice 4 듣고 <보기>와 같이 표시하세요.  Track 22
Listen and mark the letters you heard as examples.

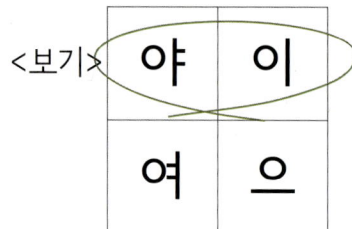

(1)
여	유
야	우

(2)
우	요
유	오

(3)
오	예
우	에

(4)
아	야
어	여

(5)
요	여
야	유

Practice 5 듣고 글자를 완성하세요. 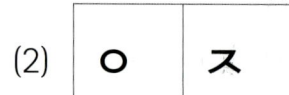 Track 23
Listen and complete the words.

(1)
ㅇ	ㅇ

(2)
ㅇ	ㅈ

(3)
ㅅ	ㄹ

(4)
ㄱ	ㅅ

(5)
ㅏ	ㅠ

(6)
ㅖ	ㅠ

(7)
ㅐ	ㅣ

(8)
ㅣ	ㅖ

Practice 6 듣고 글자를 쓰세요.
Listen and write the words.

(1) ☐☐   (2) ☐☐

(3) ☐☐   (4) ☐☐

(5) ☐☐

Activity 1 듣고 맞는 것을 고르세요.
Listen and choose the correct one.

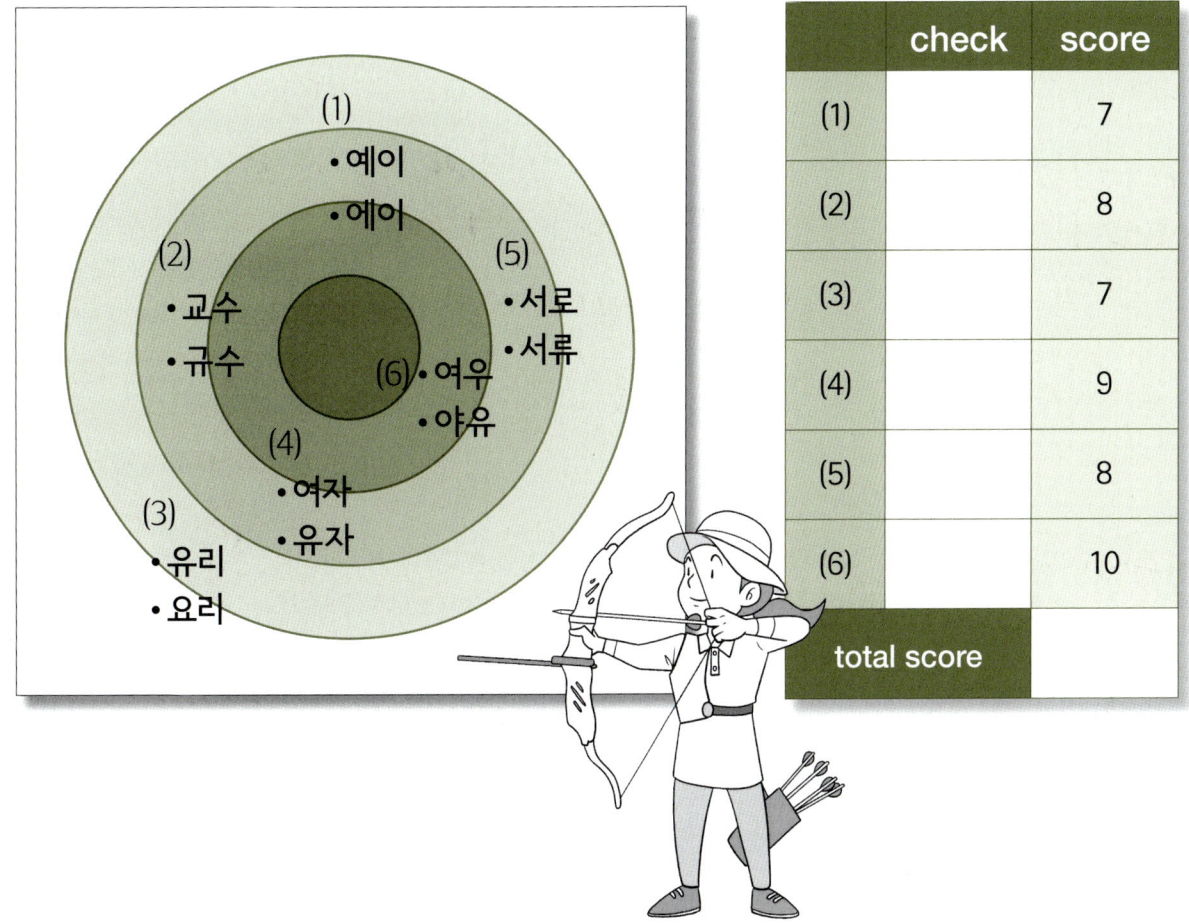

Activity 2 빙고 게임 Bingo Game

(1) 아래의 단어를 빈칸에 자유롭게 쓰세요.
   Write freely the words below in the blank space.

(2) 친구가 단어를 읽으면 들은 단어에 표시하세요.
   When your friend reads a word, indicate the word that you have heard.

(3) 가로, 세로, 대각선으로 이어진 선 4개를 먼저 만들면 '빙고'를 외치세요.
   When you have filled in four lines by width, length or diagonals first, you may shout 'bingo!'.

이	오	오이	아이	에이	가게	구두	모자	개
다리	새	비누	주스	아버지	어머니	나무	지도	우유
여자	요리	야구	여우	시계	교수	메뉴		

Self-Checking

(1) 나는 'ㅇ'과 함께 모음자 'ㅑ ㅕ ㅛ ㅠ ㅐ ㅖ'를 순서에 맞게 쓸 수 있습니다.
I can write the vowels 'ㅑ ㅕ ㅛ ㅠ ㅐ ㅖ' in order with 'ㅇ'.

no ☐☐☐☐ yes

(2) 나는 'ㅕ', 'ㅛ', 'ㅠ'의 차이를 인식하고 정확하게 발음할 수 있습니다.
I can distinguish the differences between 'ㅕ', 'ㅛ', and 'ㅠ' and also pronounce them.

no ☐☐☐☐ yes

(3) 나는 자음자 'ㄱ ㄴ ㄷ ㄹ ㅁ ㅂ ㅅ ㅈ'과 모음자 'ㅑ ㅕ ㅛ ㅠ ㅐ ㅖ'를 함께 위치에 맞게 쓸 수 있습니다.
I can write the letters of the consonants 'ㄱ ㄴ ㄷ ㄹ ㅁ ㅂ ㅅ ㅈ' and the vowels 'ㅑ ㅕ ㅛ ㅠ ㅐ ㅖ' together in their proper positions.

no ☐☐☐☐ yes

(4) 나는 'ㅑ ㅕ ㅛ ㅠ ㅐ ㅖ'가 포함된 글자를 읽을 수 있습니다.
I can properly read letters that include the vowels 'ㅑ ㅕ ㅛ ㅠ ㅐ and ㅖ'.

no ☐☐☐☐ yes

Review 3

1. 듣고 따라 읽으세요. Listen following each letter and read it.

아	어	오	우	애	에
야	여	요	유	얘	예
아야	여우	야유	이유	우유	여유
교수	뉴스	메뉴	시계	서류	겨자

2. 듣고 맞는 것을 고르세요. Listen and choose the correct one.

(1) ① 야 ② 여 (2) ① 요 ② 유
(3) ① 여 ② 요 (4) ① 얘 ② 애
(5) ① 며 ② 묘 (6) ① 샤 ② 슈
(7) ① 교수 ② 규수 (8) ① 고려 ② 고료

3. 듣고 글자를 쓰세요. Listen and write the words.

(1)    (2)

(3)    (4)

2과 (2) 자음자 2
Consonants 2

Point

Consonants 2
Hangeul & Syllable Structure

ㅋ ㅌ ㅍ ㅊ ㅎ
Consonants + Vowel

■ 자음자 2 Consonants 2

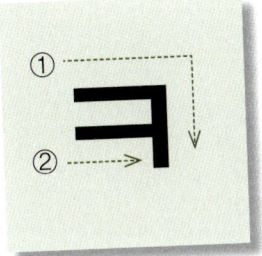
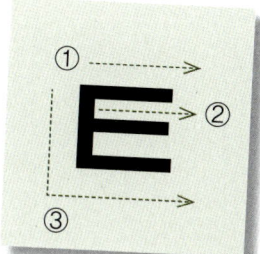
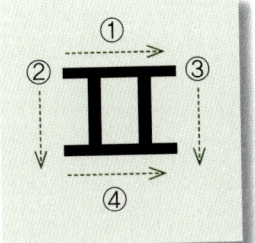

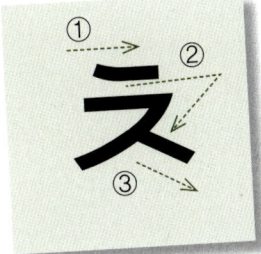

'ㅋ ㅌ ㅍ ㅊ'은 'ㄱ ㄷ ㅂ ㅈ'보다 하나 이상 획이 많습니다. 이것은 'ㄱ ㄷ ㅂ ㅈ'보다 강한 기(음)를 가지고 있음을 의미합니다.

'ㅋ ㅌ ㅍ ㅊ' has more than one stroke than 'ㄱ ㄷ ㅂ ㅈ' and it means that it has a stronger aspiration than 'ㄱ ㄷ ㅂ ㅈ'.

ㄱ[g] → ㅋ[k]   ㅈ[j] → ㅊ[ch]

■ 자음자를 쓰세요. Write the consonants.

ㅋ	[k]	ㄱ	ㅋ		
ㅌ	[t]	ㅡ	ㄷ	ㅌ	
ㅍ	[p]	ㅡ	ㅜ	ㅠ	ㅍ
ㅊ	[ch]	ㅡ	ㅋ	ㅊ	
ㅎ	[h]	ㅡ	ㅡ	ㅎ	

'ㄱ'뿐만 아니라 'ㅋ'의 모양에도 주의하세요. 수직적인 모음자와 쓸 경우에는 약간 휜 모양이지만 수평적인 모음자와 쓸 경우에는 직선입니다.

Be careful of the 'ㅋ' as well as the 'ㄱ' shape. It curves when it is written with vertical vowel letters, but it goes down straight with horizontal vowel letters.

ㅋ + ㅏ → 카   ㅋ + ㅜ → 쿠

1. 'ㅊ'과 'ㅊ'은 같은 글자입니다.
   'ㅊ' and 'ㅊ' are the same letters.

2. 'ㅊ'과 'ㅊ'은 같은 글자입니다. 'ㅊ'은 인쇄체입니다.
   'ㅊ' and 'ㅊ' are the same letters. 'ㅊ' is the printed letter.

3. 'ㅎ'과 'ㅎ'은 같은 글자입니다.
   'ㅎ' and 'ㅎ' are the same letters.

■ 한글과 음절 구조 - 자음 + 모음
Hangeul & Syllable Structure - Consonant + Vowel

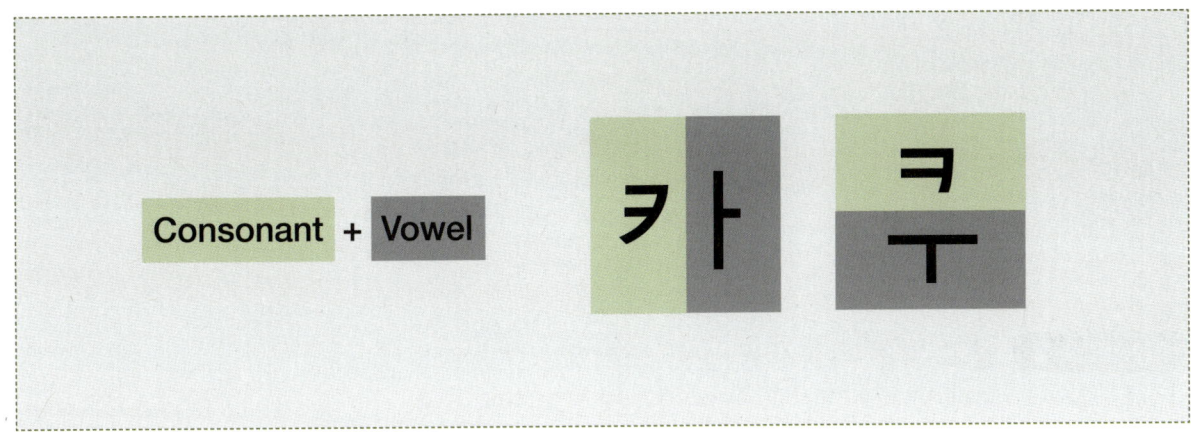

■ 자음자와 모음자를 함께 쓰세요. Write consonants and vowels together.

	ㅏ	ㅓ	ㅗ	ㅜ	ㅡ	ㅣ	ㅐ	ㅔ
ㅋ	카		코					
ㅌ		터						테
ㅍ			포				패	
ㅊ				추		치		
ㅎ					흐			

Practice 1 듣고 맞는 것을 고르세요.
Listen and choose the correct one.

(1) ① 가 ② 카   (2) ① 도 ② 토

(3) ① 부 ② 푸   (4) ① 지 ② 치

(5) ① 애 ② 해

Practice 2 듣고 맞는 자음자를 골라 쓰세요.
Listen and write the correct consonant letter.

(1) □ ㅏ (ㄷ, ㅌ)   (2) □ ㅗ (ㅈ, ㅊ)

(3) □ ㅓ (ㅂ, ㅍ)   (4) □ ㅜ (ㄱ, ㅋ)

Practice 3 듣고 음절을 쓰세요.
Listen and write the syllables.

(1)    (2)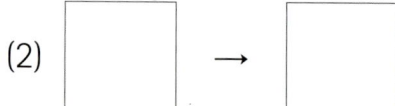

(3) 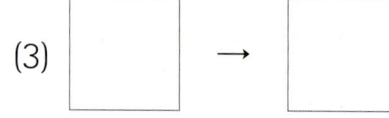   (4)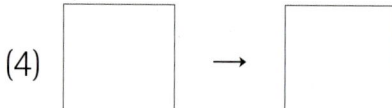

(5) □ → □

■ 단어를 읽고 쓰세요. Read and write the words.

	기차		치마
	커피		스키
	기타		포도
	피아노		우표
	카메라		케이크

Practice 4 듣고 맞는 것을 고르세요.
Listen and choose the correct one.

(1) ① 오 애   ② 오 해

(2) ① 기 자   ② 기 차

(3) ① 쿠 키   ② 구 기

(4) ① 부 패   ② 부 배

(5) ① 도 포   ② 도 보

Practice 5 듣고 글자를 쓰세요.
Listen and write the words.

(1)   (2)

(3)   (4)

(5)   (6)

Activity 1 듣고 맞는 것을 찾으세요.
Listen and find the correct letter.

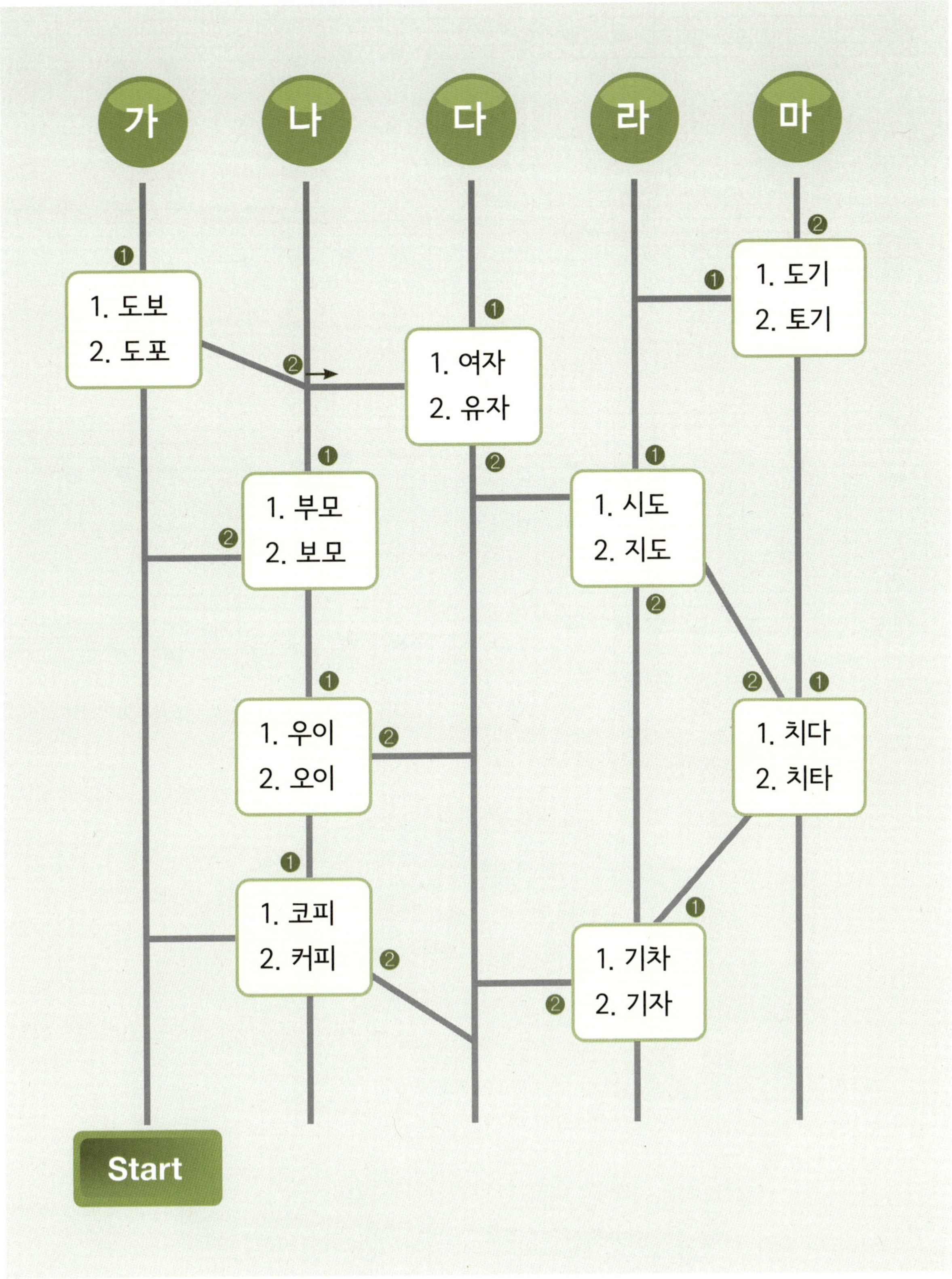

| 가 | 나 | 다 | 라 | 마 |

- 1. 도보
- 2. 도포

- 1. 여자
- 2. 유자

- 1. 도기
- 2. 토기

- 1. 부모
- 2. 보모

- 1. 시도
- 2. 지도

- 1. 우이
- 2. 오이

- 1. 치다
- 2. 치타

- 1. 코피
- 2. 커피

- 1. 기차
- 2. 기자

Start

■ **가나다 노래** 'Ganada' song

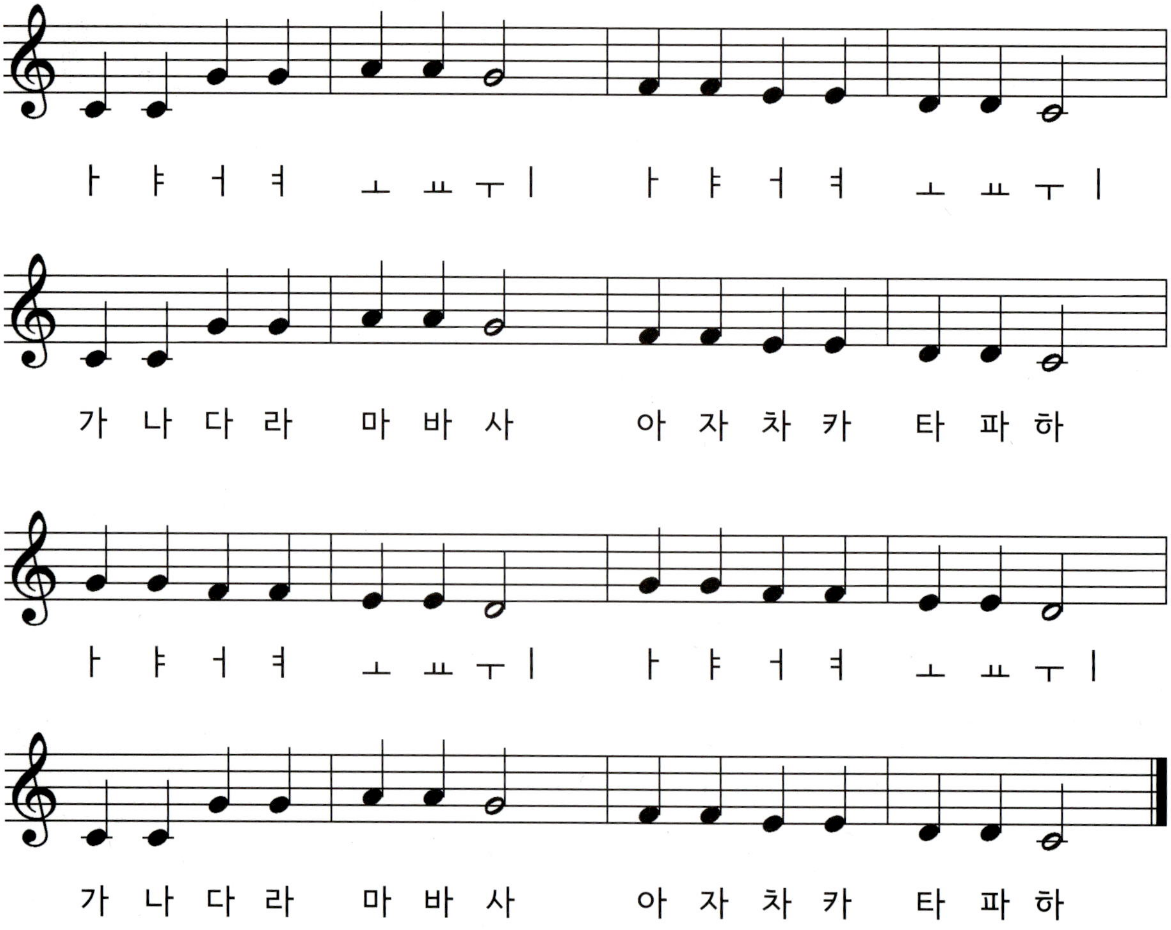

ㅏ ㅑ ㅓ ㅕ ㅗ ㅛ ㅜ ㅣ ㅏ ㅑ ㅓ ㅕ ㅗ ㅛ ㅜ ㅣ

가 나 다 라 마 바 사 아 자 차 카 타 파 하

ㅏ ㅑ ㅓ ㅕ ㅗ ㅛ ㅜ ㅣ ㅏ ㅑ ㅓ ㅕ ㅗ ㅛ ㅜ ㅣ

가 나 다 라 마 바 사 아 자 차 카 타 파 하

Self-Checking

(1) 나는 자음자 'ㅋ ㅌ ㅍ ㅊ ㅎ'을 순서에 맞게 쓸 수 있습니다.
I can write the consonant letters 'ㅋ ㅌ ㅍ ㅊ ㅎ' in order.

(2) 나는 자음자 'ㅋ ㅌ ㅍ ㅊ ㅎ'과 모음자 'ㅏ ㅑ ㅓ ㅕ ㅗ ㅛ ㅜ ㅠ ㅡ ㅣ ㅐ ㅒ ㅔ ㅖ'를 위치에 맞게 쓸 수 있습니다.
I can write the consonant letters 'ㅋ ㅌ ㅍ ㅊ ㅎ' and the vowels 'ㅏ ㅑ ㅓ ㅕ ㅗ ㅛ ㅜ ㅠ ㅡ ㅣ ㅐ ㅒ ㅔ ㅖ' together in their proper positions.

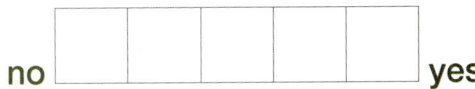

(3) 나는 'ㅋ ㅌ ㅍ ㅊ ㅎ'이 포함된 단어를 읽을 수 있습니다.
I can read the words which include 'ㅋ ㅌ ㅍ ㅊ ㅎ'.

(4) 나는 'ㄱ ㄷ ㅂ ㅈ'과 'ㅋ ㅌ ㅍ ㅊ'의 차이를 인식하고 구별해서 발음할 수 있습니다.
I can distinguish the differences between 'ㄱ ㄷ ㅂ ㅈ' and 'ㅋ ㅌ ㅍ ㅊ' and pronounce them correctly.

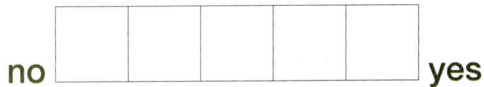

Review 4

1. 듣고 따라 읽으세요. Listen following each letter and read it.

2. 듣고 맞는 것을 고르세요. Listen and choose the correct one.

(1) ① 고　② 코　　　　(2) ① 두　② 투
(3) ① 비　② 피　　　　(4) ① 자　② 차
(5) ① 주자　② 주차　　(6) ① 기다　② 기타
(7) ① 포도　② 보도　　(8) ① 가구　② 카구

3. 듣고 글자를 쓰세요. Listen and write the words.

(1) ☐☐　　　　　(2) ☐☐

(3) ☐☐　　　　　(4) ☐☐

3과 받침
Batchim: Final Consonant

Point

| Hangeul & Syllable Structure 3 | Vowel + Consonant |
| Hangeul & Syllable Structure 4 | Consonant + Vowel + Consonant |

■ 받침 1 Final Consonant 1

다음 글자를 읽어 보세요. Read the following letters.

안 암 알 앙

1. '?'이 받침으로 사용될 경우 발음은 [l]과 비슷합니다. 그러나 혀가 입천장의 앞부분에 닿는 점이 [l]과 다릅니다.

   When '?' comes as a final consonant, its pronunciation is similar with [l]. But the tongue touches the front part of the roof of the mouth that is different from [l].

2. 'ㅇ'이 받침으로 사용될 경우 발음은 'ng'를 읽을 때와 같은 [ŋ]입니다.

   When 'ㅇ' comes as a final consonant, its pronunciation is [ŋ], while reading 'ng'.

ㄴ	ㅁ	ㄹ	ㅇ
[n]	[m]	[l]	[ng]

3과_받침 47

■ 한글과 음절 구조 3 - 모음 + 자음
Hangeul & Syllable Structure 3 - Vowel + Consonant

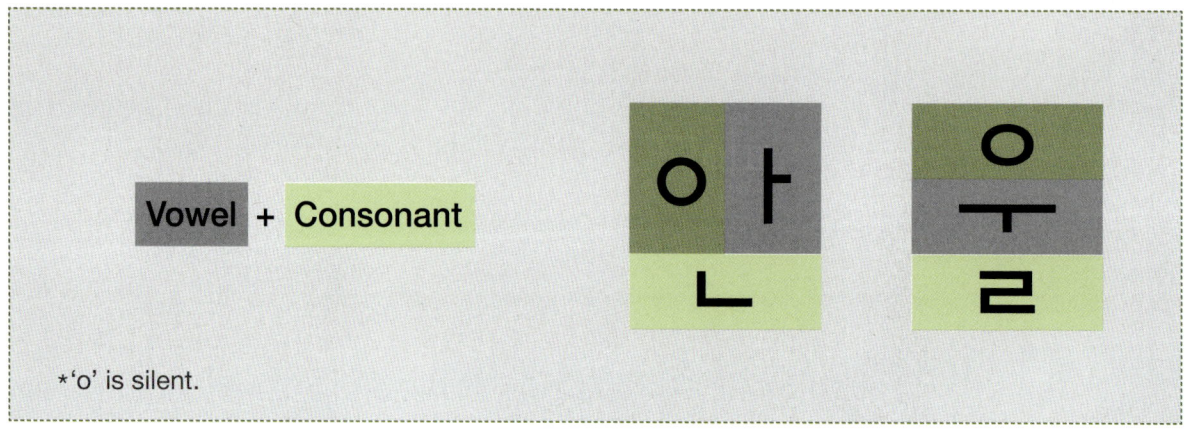

* 'ㅇ' is silent.

■ 한글과 음절 구조 4 - 자음 + 모음 + 자음
Hangeul & Syllable Structure 4 - Consonant + Vowel + Consonant

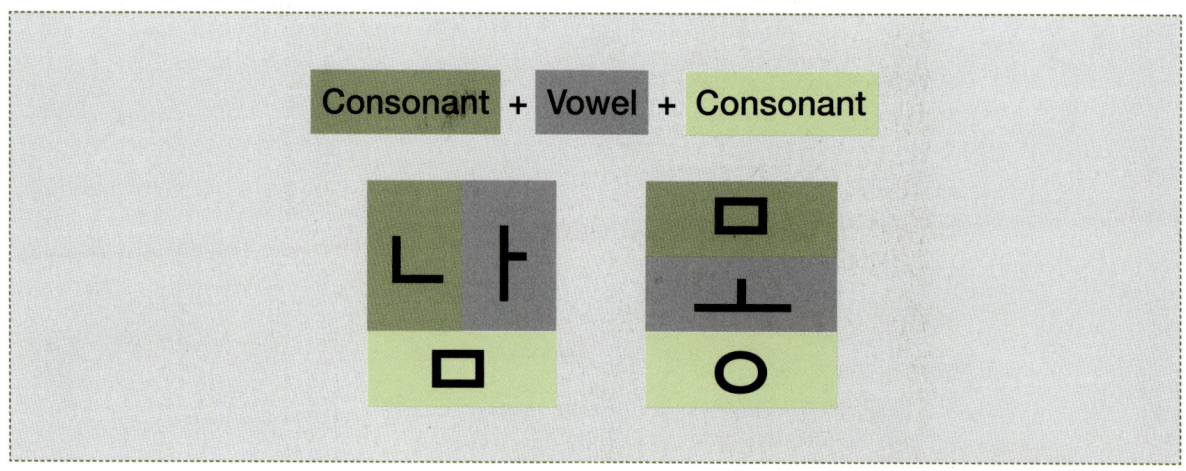

받침을 쓸 때 위치에 주의하세요.
받침은 항상 모음자의 아래에 위치합니다.
Be careful of the placement of the final consonant when writing. It always comes underneath of the vowel letters.

암(O) 아ㅁ(X), 온(O) 오ㄴ(X)

■ **자음자와 모음자를 함께 쓰세요.**
Write consonants and vowels together.

	ㅏ	ㅓ	ㅗ	ㅜ
ㄱ	간			
ㄴ		널		
ㄷ			돔	
ㄹ				룽
ㅁ	만			
ㅂ		벌		
ㅅ			솜	
ㅇ				웅
ㅈ	잔			
ㅊ		철		
ㅋ			콤	
ㅌ				퉁
ㅍ	판			
ㅎ		헐		
	ㄴ	ㄹ	ㅁ	ㅇ

	ㅡ	ㅣ	ㅐ	ㅔ
ㄱ	근			
ㄴ		닐		
ㄷ			댐	
ㄹ				렝
ㅁ	믄			
ㅂ		빌		
ㅅ			샘	
ㅇ				엥
ㅈ	즌			
ㅊ		칠		
ㅋ			캠	
ㅌ				텡
ㅍ	픈			
ㅎ		힐		
	ㄴ	ㄹ	ㅁ	ㅇ

Practice 1 듣고 맞는 것을 고르세요.
Listen and choose the correct one.

(1) ① 안　② 암　　　　(2) ① 엄　② 엉

(3) ① 율　② 윤　　　　(4) ① 응　② 은

(5) ① 올　② 옴　　　　(6) ① 일　② 잉

Practice 2 듣고 맞는 받침을 골라 쓰세요.
Listen and write a correct one between two Batchims.

(1) 노 (ㄴ, ㅇ)　　　　(2) 타 (ㅇ, ㄹ)

(3) 추 (ㄹ, ㄴ)　　　　(4) 벼 (ㅁ, ㄹ)

(5) 저 (ㅁ, ㅇ)　　　　(6) 기 (ㄴ, ㅁ)

Practice 3 듣고 음절을 쓰세요.
Listen and write the syllables.

(1) ☐ → ☐ → ☐ → ☐

(2) ☐ → ☐ → ☐ → ☐

(3) ☐ → ☐ → ☐ → ☐

■ 단어를 읽고 쓰세요. Read and write the words.

	물		엄마
	우산		신문
	안경		지하철
	한글		김치
	비행기		컴퓨터

받침 2 Final Consonant 2

다음 글자를 읽어 보세요. Read the following letters.

받침의 발음은 [ㄱ ㄴ ㄷ ㄹ ㅁ ㅂ ㅇ] 일곱 개만 있습니다. 중점을 둘 것은 공기가 입에서 나오는 것을 막는 것입니다.
'ㄱ, ㅋ', 'ㄷ, ㅌ', 'ㅂ, ㅍ', 'ㅈ, ㅊ'은 음절의 첫소리일 때는 다르지만 끝소리일 때는 같습니다.

Final consonants are called 'Batchim(받침)'. There are only seven pronunciations, [ㄱ ㄴ ㄷ ㄹ ㅁ ㅂ ㅇ] when we read '받침'. The point when you read '받침' is to prevent the air from escaping from the mouth. 'ㄱ and ㅋ', 'ㄷ and ㅌ', 'ㅂ and ㅍ', 'ㅈ and ㅊ', are different when they come as a first sound, but the same as a final sound in a syllable.

ㄱ	ㅂ	ㄷ	ㅅ	ㅈ	
ㅋ	ㅍ	ㅌ		ㅊ	ㅎ
[k]	[p]	[t]			

■ <보기>와 같이 자음자와 모음자를 함께 쓰세요.
Combine consonants and vowels as examples.

<보기> ㅂ + ㅏ + ㄱ → 박

(1) ㅇ + ㅏ + ㅋ →

(2) ㅈ + ㅗ + ㅂ →

(3) ㄱ + ㅣ + ㅍ →

(4) ㅁ + ㅏ + ㄷ →

(5) ㅂ + ㅜ + ㅌ →

(6) ㅇ + ㅗ + ㅅ →

(7) ㄴ + ㅏ + ㅈ →

(8) ㅂ + ㅣ + ㅊ →

■ **자음자와 모음자를 함께 쓰세요.**
Write consonants and vowels together.

	ㅏ	ㅗ	ㅐ
ㄱ	각		
ㄴ			
ㄷ		돕	
ㄹ			
ㅁ			맷
ㅂ			
ㅅ	삭		
ㅇ			
ㅈ		좁	
ㅊ			
ㅋ			캣
ㅌ			
ㅍ	팍		
ㅎ			
	ㄱ	ㅂ	ㅅ

	ㅏ
ㄱ	갖
ㄴ	
ㄷ	
ㄹ	
ㅁ	
ㅅ	
ㅈ	

	ㅏ
ㄱ	
ㄴ	낱
ㄷ	
ㅂ	
ㅅ	
ㅌ	

	ㅏ
ㄱ	
ㄴ	
ㄷ	
ㄹ	랗
ㅁ	
ㅎ	

	ㅣ
ㄱ	
ㄷ	
ㅁ	민
ㅅ	

	ㅣ
ㄱ	
ㄴ	
ㅅ	
ㅈ	짚
ㅍ	

	ㅕ
ㅁ	
ㅊ	

ㅠ	
ㅇ	
ㅊ	

	ㅕ
ㄴ	
ㅋ	

	ㅓ
ㄴ	
ㅇ	
ㅋ	

	ㅡ
ㅇ	
ㅋ	

Practice 4 듣고 맞는 것을 고르세요.
Listen and choose the correct one.

(1) ① 집 ② 짐   (2) ① 공 ② 곳
(3) ① 묻 ② 물   (4) ① 책 ② 챈
(5) ① 낮 ② 납   (6) ① 숙 ② 숲
(7) ① 듣 ② 득   (8) ① 밥 ② 받

Practice 5 받침 발음이 다른 것을 고르세요.
Choose a different pronunciation of Batchim.

(1) 억, 얻, 억   (2) 놉, 높, 놈
(3) 숫, 숯, 숲   (4) 벽, 볕, 볏
(5) 짚, 집, 짓   (6) 돗, 독, 돛

Practice 6 듣고 맞는 글자를 골라 쓰세요.
Listen and write a correct one between three letters.

(1) 아 → 아 → 아 (ㄱ, ㅅ, ㅍ)

(2) 구 → 구 → 구 (ㄱ, ㅂ, ㅈ)

■ 단어를 읽고 쓰세요. Read and write the words.

	옷		지갑
	낮		부엌
	앞		밑
	가족		십

> 발음에 주의하세요. 받침에는 [s] 발음이 없습니다. 따라서, 예를 들어 'BUS'를 한글로 쓸 경우에는 '벗'이 아니라 '버스'가 됩니다.
>
> Be careful of pronunciation. There is no [s] sound in final consonant. So, for example, when 'BUS' is written in Hangeul, it becomes not '벗' but '버스'.

Practice 7 듣고 맞는 것을 고르세요.
Listen and choose the correct one.

(1) ① 공책　② 곤책

(2) ① 안곔　② 안경

(3) ① 한굿　② 한국

(4) ① 지갑　② 지각

(5) ① 음식　② 음십

Practice 8 듣고 알맞은 글자를 골라 단어를 완성하세요.
Listen and complete the word using the following letters.

(1) ㅓ ㅕ　(ㄱ, ㄴ, ㅈ)

(2) ㅏ ㅡ　(ㄱ, ㄴ, ㄹ, ㅎ)

(3) ㅗ ㅓ　(ㄴ, ㄷ, ㅇ, ㅈ)

(4) ㅗ ㅏ　(ㅇ, ㅋ, ㅌ, ㅍ)

(5) ㅏ ㅏ　(ㄴ, ㅁ, ㅂ, ㅈ)

(6) ㅣ ㅗ　(ㄹ, ㅇ, ㅌ, ㅍ)

Activity 1 기억력 테스트 Memory Test

(1) 2~3명이 한 조가 되어 조 이름을 만드세요.
Make a group of 2~3 people and choose a name for the group.

(2) 카드에 쓰인 글자를 읽으면 뒷면의 그림을 볼 수 있어요.
You can look at the back picture only after reading the word card.

(3) 같은 그림이 두 개씩 있어요. 같은 그림을 찾으면 팀 이름을 말하고 카드에 쓰인 글자를 읽으세요.
There are two cards with the same picture. Say your team name and read the letter in the card when you find the two cards with the same drawing.

(4) 같은 그림을 많이 찾는 팀이 이겨요.
The team that finds the highest number of cards wins.

■ **자음자의 이름 1** Names of Consonants 1

letter	name	letter	name	letter	name
ㄱ	기역	ㅂ	비읍	ㅋ	키읔
ㄴ	니은	ㅅ	시옷	ㅌ	티읕
ㄷ	디귿	ㅇ	이응	ㅍ	피읖
ㄹ	리을	ㅈ	지읒	ㅎ	히읗
ㅁ	미음	ㅊ	치읓		

Self-Checking

(1) 나는 받침을 정확하게 읽을 수 있습니다.
I can read 'Batchim(final consonants)' correctly.

no ☐☐☐☐☐ yes

(2) 나는 받침을 위치에 맞게 쓸 수 있습니다.
I can write 'Batchim(final consonants)' in their proper positions.

no ☐☐☐☐☐ yes

(3) 나는 받침 'ㄴ ㄹ ㅁ ㅇ'의 차이를 인식하고 정확하게 쓸 수 있습니다.
I can distinguish the differences between the 'Batchims (final consonants) ㄴ ㄹ ㅁ ㅇ' and write them down properly.

no ☐☐☐☐☐ yes

Review 5

1. 듣고 따라 읽으세요. Listen following each letter and read it.

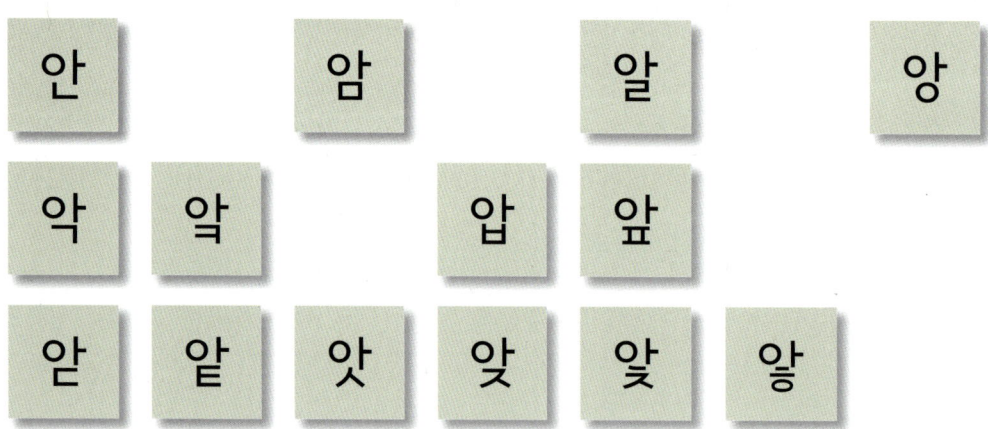

2. 듣고 맞는 것을 고르세요. Listen and choose the correct one.

(1) ① 독 ② 돈   (2) ① 국 ② 궁
(3) ① 밥 ② 박   (4) ① 섬 ② 선
(5) ① 물 ② 문   (6) ① 값 ② 갓
(7) ① 볕 ② 벽   (8) ① 낮 ② 납

3. 듣고 알맞은 글자를 골라 단어를 완성하세요.
Listen and complete the word using the following letters.

(1) | 수 | | (박, 밧, 밥)   (2) | | 필 | (연, 염, 영)

(3) | | 콘 | (팝, 팟, 팍)   (4) | 음 | | (식, 심, 싶)

4과 (1) 이중모음자 2
Combined Vowels 2

Point

Combined Vowels 2   ㅘ ㅝ ㅙ ㅞ ㅚ ㅟ ㅢ

■ 이중모음자 2 Combined Vowels 2

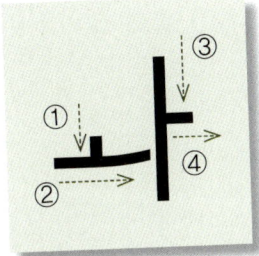 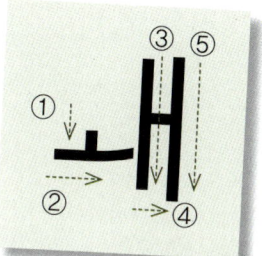 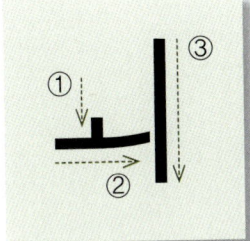

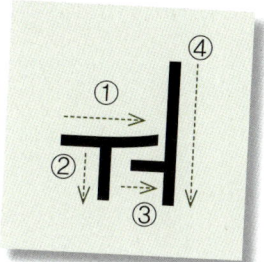 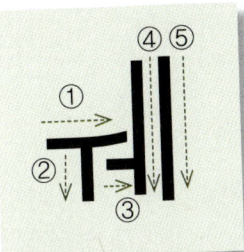 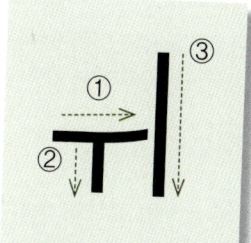 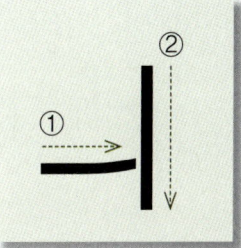

1. 이중모음은 발음할 때 입술 모양이나 혀의 위치가 달라집니다.
   The shape of your lips and the position of your tongue will change when you pronounce combined vowels.

2. 'ㅗ/ㅏ/ㅐ'와 'ㅜ/ㅓ/ㅔ'를 조합한 글자는 없습니다.
   There are no letters combined 'ㅗ/ㅏ/ㅐ' and 'ㅜ/ㅓ/ㅔ'.

   ex) ㅗ + ㅏ → ㅘ (O)　ㅗ + ㅓ (X)
   　　ㅜ + ㅔ → ㅞ (O)　ㅜ + ㅐ (X)

■ 모음자를 쓰세요. Write the vowels.

ㅘ	[wa]	ㅇ	오	오	외	와	
ㅝ	[wo]	ㅇ	으	우	우	워	
ㅙ	[wae] *[we]	ㅇ	오	오	외	와	왜
ㅞ	[we]	ㅇ	으	우	우	워	웨
ㅚ	[oe] *[we]	ㅇ	오	오	외		
ㅟ	[wi]	ㅇ	으	우	위		
ㅢ	[ui]	ㅇ	으	의			

'ㅙ, ㅞ, ㅚ'의 발음은 같지 않지만 외국인뿐만 아니라 한국인도 구별하기 어렵습니다. 그러므로 이들 글자를 [we]로 발음해도 큰 무리는 없습니다.

Pronunciations of 'ㅙ, ㅞ, ㅚ' are not the same, but it is difficult for even Koreans to distinguish as well as for foreigners. So it makes no difference if you pronounce these letters as [we].

■ **한글과 음절 구조 - 모음, 자음 + 모음, 모음 + 자음, 자음 + 모음 + 자음**
Hangeul & Syllable Structure 2 - Vowel, Consonant + Vowel, Vowel + Consonant, Consonant + Vowel + Consonant

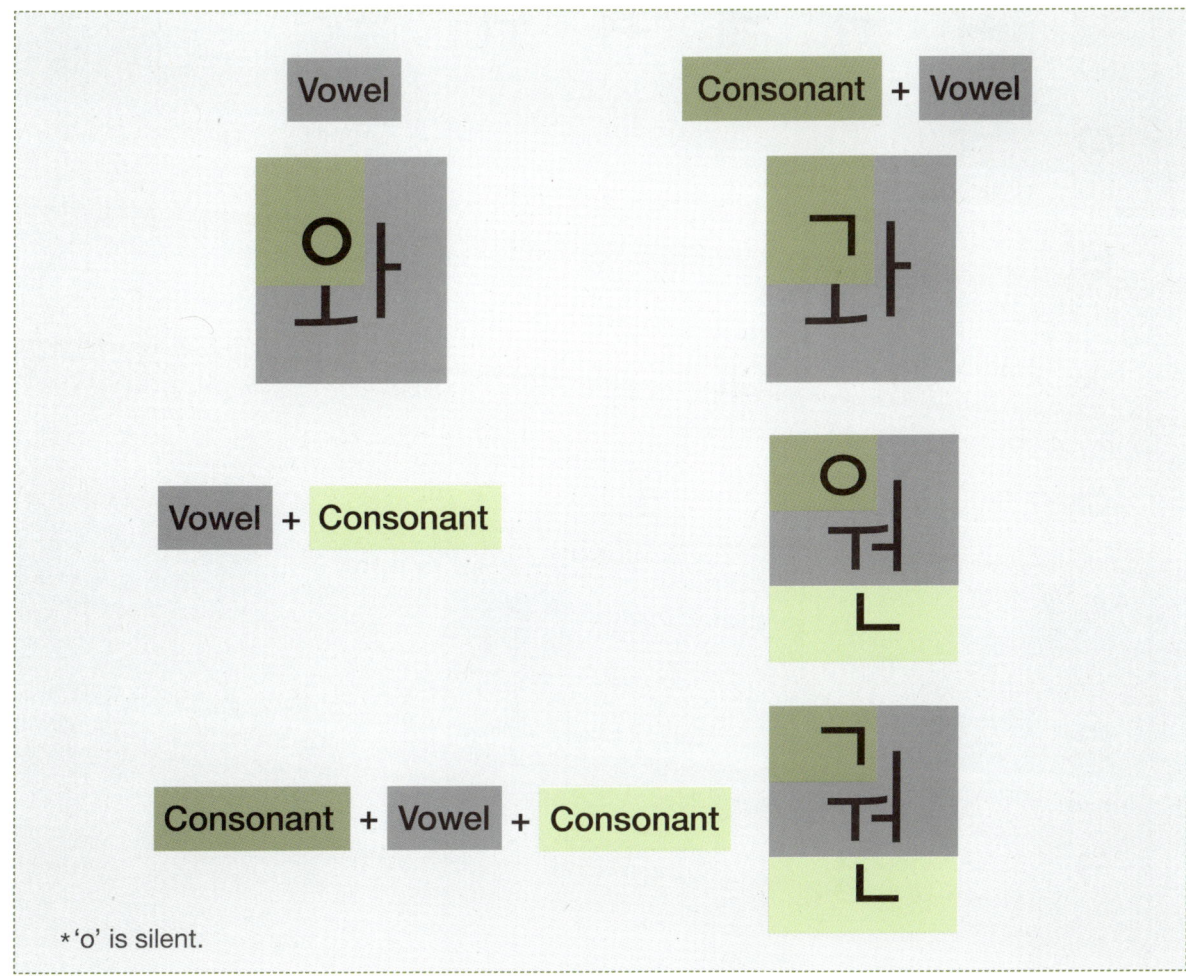

■ **자음자와 모음자를 함께 쓰세요.** Write consonants and vowels together.

	ㅘ	ㅝ	ㅞ	ㅚ	ㅟ
ㄱ	과		궤		
ㄴ		눠			
ㄷ					뒤
ㄹ				뢰	

■ **자음자와 모음자를 함께 쓰세요.** Write consonants and vowels together.

	ㅘ	ㅝ	ㅞ	ㅚ	ㅟ
ㅁ	마				
ㅂ		붜			
ㅅ			쉐		
ㅇ				외	
ㅈ					쥐
ㅊ	촤				
ㅋ		쿼			
ㅌ			퉤		
ㅍ				푀	
ㅎ					휘

'ㅢ'가 자음자와 함께 쓰이면 [i]로 발음됩니다.
When 'ㅢ' is written with consonants, its pronunciation becomes [i].

희 [히]   늬 [니]

■ <보기>와 같이 자음자와 모음자를 함께 쓰세요.
Combine consonants and vowels as examples.

<보기> ㄱ + ㅘ + ㄴ → 관

(1) ㅇ + ㅚ + ㄴ →

(2) ㅅ + ㅟ + ㅂ →

(3) ㄱ + ㅝ + ㄴ →

(4) ㅇ + ㅘ + ㅇ →

(5) ㅎ + ㅣ + ㄴ →

(6) ㅎ + ㅙ + ㅅ →

(7) ㄷ + ㅚ + ㄴ →

(8) ㅇ + ㅝ + ㄹ →

Practice 1 듣고 맞는 것을 고르세요.
Listen and choose the correct one.

(1) ① 오아　② 와　　(2) ① 우이　② 위

(3) ① 우어　② 워　　(4) ① 으이　② 의

(5) ① 와　② 워　　(6) ① 위　② 외

(7) ① 워　② 웨　　(8) ① 의　② 위

Practice 2 듣고 맞는 모음자를 골라 쓰세요.
Listen and write the correct vowel letter.

(1) ㅅ　(ㅟ, ㅣ)　　(2) ㅂ　(ㅝ, ㅘ)

(3) ㄷ　(ㅙ, ㅐ)　　(4) ㅁ　(ㅟ, ㅓ)

(5) ㅈ　(ㅚ, ㅟ)　　(6) ㄱ　(ㅝ, ㅞ)

Practice 3 듣고 음절을 쓰세요.
Listen and write the syllables.

(1) ☐ → ☐ → ☐

(2) ☐ → ☐ → ☐

(3) ☐ → ☐ → ☐

■ 단어를 읽고 쓰세요. Read and write the words.

	의자		가위
	스웨터		사과
	쇠고기		돼지
	귀		병원
	전화		열쇠

4과 (1)_이중모음자 2

Practice 4 듣고 글자를 완성하세요.
Listen and complete the words.

(1) | ㅇ | ㄷ |

(2) | ㅅ | ㅇ |

(3) | ㄱ | ㅈ |

(4) | ㅇ | ㅈ |

(5) | ㅙ | |

(6) | | ㅖ | |

(7) | ㅚ | |

(8) | ㅐ | | |

Practice 5 듣고 글자를 쓰세요.
Listen and write the words.

(1)

(2)

(3)

(4)

(5)

(6)

Activity 1 듣고 맞는 것을 찾으세요.
Listen and find the correct letter.

Self-Checking

(1) 나는 'ㅇ'과 함께 모음자 'ㅘ ㅝ ㅙ ㅞ ㅚ ㅟ ㅢ'를 순서에 맞게 쓸 수 있습니다.
I can write vowel letters 'ㅘ ㅝ ㅙ ㅞ ㅚ ㅟ ㅢ' in order with a 'ㅇ'.

no ☐☐☐☐☐ yes

(2) 나는 모음자 'ㅘ ㅝ ㅙ ㅞ ㅚ ㅟ ㅢ'를 받침을 비롯하여 자음자와 함께 위치에 맞게 쓸 수 있습니다.
I can write the letters of the vowel 'ㅘ ㅝ ㅙ ㅞ ㅚ ㅟ ㅢ' and consonant together including the Batchim in their proper position.

no ☐☐☐☐☐ yes

(3) 나는 'ㅘ ㅝ ㅙ ㅞ ㅚ ㅟ ㅢ'가 포함된 글자를 읽을 수 있습니다.
I can properly read letters that include the double vowels 'ㅘ ㅝ ㅙ ㅞ ㅚ ㅟ and ㅢ'.

no ☐☐☐☐☐ yes

Review 6

1. 듣고 따라 읽으세요. Listen following each letter and read it.

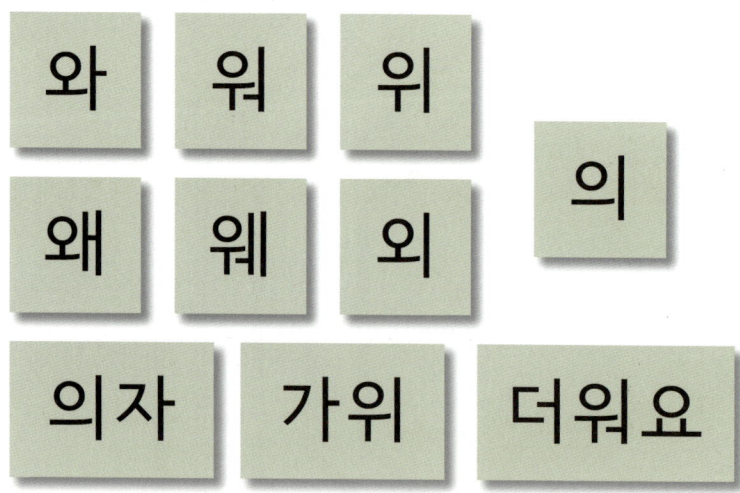

2. 듣고 맞는 것을 고르세요. Listen and choose the correct one.

(1) ① 위   ② 웨   (2) ① 와   ② 워
(3) ① 의   ② 외   (4) ① 위   ② 외
(5) ① 거   ② 궈   (6) ① 쉬   ② 시
(7) ① 봐   ② 붜   (8) ① 줘   ② 죄

3. 듣고 글자를 쓰세요. Listen and write the words.

(1) ☐☐   (2) ☐☐

(3) ☐☐   (4) ☐☐

70 열린한국어_한글을 배워요!

4과 (2) 자음자 3
Consonants 3

Point

Consonants 3   ㄲ ㄸ ㅃ ㅆ ㅉ

■ 자음자 3 Consonants 3

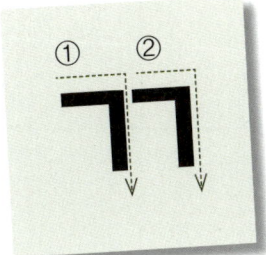
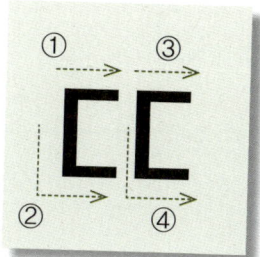
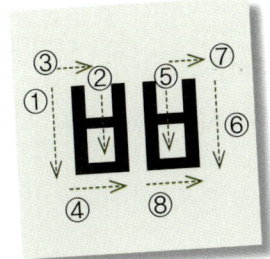
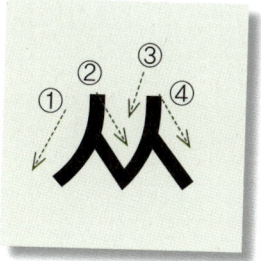
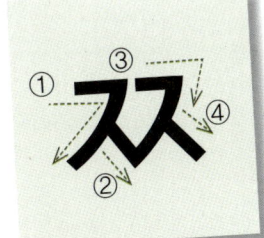

1. 'ㄲ, ㄸ, ㅃ, ㅆ, ㅉ'은 긴장된 [g, d, b, s, j] 소리이며 'ㄱ, ㄷ, ㅂ, ㅅ, ㅈ'보다 높은 톤입니다.
   'ㄲ, ㄸ, ㅃ, ㅆ, ㅉ' have the tensed [g, d, b, s, j] sound and higher tone than 'ㄱ, ㄷ, ㅂ, ㅅ, ㅈ'.

2. 'ㄸ, ㅃ, ㅉ'은 받침으로 사용되지 않습니다.
   'ㄸ, ㅃ, ㅉ' are not used as a final consonant.

■ 자음자를 쓰세요. Write the consonants.

ㄲ	tensed [g]	ㄱ	ㄲ						
ㄸ	tensed [d]	ㅡ	ㄷ	ㄷ	ㄸ				
ㅃ	tensed [b]	ㅣ	ㅐ	ㅐ	ㅏ	ㅂ	ㅂㅣ	ㅃ	ㅃ
ㅆ	tensed [s]	ノ	ㅅ	ㅅ	ㅆ				
ㅉ	tensed [j]	ㄱ	ㅈ	ㄲ	ㅉ				

■ 자음자와 모음자를 함께 쓰세요. Write consonants and vowels together.

	ㅏ	ㅓ	ㅗ	ㅜ	ㅡ	ㅣ	ㅐ	ㅔ
ㄲ	까			꾸				
ㄸ		떠					때	
ㅃ			뽀			삐		
ㅆ				쑤				
ㅉ				쭈				쩨

72 열린한국어_한글을 배워요!

Practice 1 듣고 맞는 것을 고르세요.
Listen and choose the correct one.

(1) ① 고 ② 꼬   (2) ① 두 ② 뚜
(3) ① 배 ② 빼   (4) ① 사 ② 싸
(5) ① 까 ② 카   (6) ① 또 ② 토
(7) ① 뿌 ② 푸   (8) ① 찌 ② 치

Practice 2 듣고 맞는 자음자를 골라 쓰세요.
Listen and write the correct consonant letter.

(1) ㅣ (ㄱ, ㅋ, ㄲ)   (2) ㅐ (ㄷ, ㅌ, ㄸ)

(3) ㅜ (ㅂ, ㅍ, ㅃ)   (4) ㅏ (ㅈ, ㅊ, ㅉ)

(5) ㅜ (ㅅ, ㅆ)

Practice 3 듣고 음절을 쓰세요.
Listen and write the syllables.

(1) ☐ → ☐ → ☐

(2) ☐ → ☐ → ☐

(3) ☐ → ☐ → ☐

단어를 읽고 쓰세요. Read and write the words.

	아빠		어깨
	찌개		토끼
	쓰레기		떡
	빵		땀
	싸요		비싸요

Practice 4 듣고 맞는 것을 고르세요.
Listen and choose the correct one.

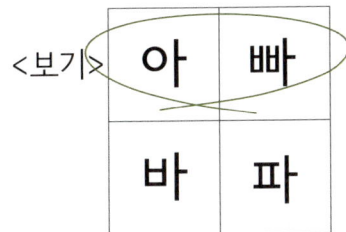

(1)	도	기
	키	끼

(2)	다	따
	타	라

(3)	치	지
	도	찌

(4)	싸	짜
	사	요

(5)	빠	바
	파	도

Practice 5 듣고 맞는 것을 고르세요.
Listen and choose the correct one.

(1) ① 불 ② 풀 ③ 뿔

(2) ① 방 ② 팡 ③ 빵

(3) ① 달 ② 탈 ③ 딸

(4) ① 공 ② 콩 ③ 꽁

(5) ① 간 ② 깐 ③ 칸

(6) ① 죽 ② 축 ③ 쭉

(7) ① 살 ② 쌀 ③ 잘

Practice 6 듣고 글자를 쓰세요.
Listen and write the words.

(1) ☐☐   (2) ☐

(3) ☐☐   (4) ☐

(5) ☐☐   (6) ☐☐☐

Activity 1 듣고 맞는 것을 고르세요.
Listen and choose the correct one.

가	싸	부	또
푸	도	피	찌
치	비	카	지
토	까	뿌	사

76 열린한국어_한글을 배워요!

Activity 2 빙고 게임 Bingo Game

(1) 아래의 단어를 빈칸에 자유롭게 쓰세요.
Write freely the words below in the blank space.

(2) 친구가 단어를 읽으면 들은 단어에 표시하세요.
When your friend reads a word, indicate the word that you have heard.

(3) 가로, 세로, 대각선으로 이어진 선 4개를 먼저 만들면 '빙고'를 외치세요.
When you have filled in four lines by width, length or diagonals first, you may shout 'bingo!'.

아빠	오빠	어깨	찌개	토끼	
쓰레기	짜장면	떡	빵	땀	
짜요	싸요	비싸요	예뻐요	써요	뜨거워요

■ 자음자의 이름 2 Names of Consonants 2

letter	name	letter	name	letter	name
ㄲ	쌍기역	ㅃ	쌍비읍	ㅉ	쌍지읒
ㄸ	쌍디귿	ㅆ	쌍시옷		

*'쌍' means 'double', so it is added to the name of the basic consonant letter.

Self-Checking

(1) 나는 자음자 'ㄲ ㄸ ㅃ ㅆ ㅉ'을 순서에 맞게 쓸 수 있습니다.
I can write the consonant letters 'ㄲ ㄸ ㅃ ㅆ ㅉ' in order.

no ☐☐☐☐☐ yes

(2) 나는 모음자와 자음자 'ㄲ ㄸ ㅃ ㅆ ㅉ'을 받침을 비롯하여 함께 위치에 맞게 쓸 수 있습니다.
I can write the letters of the vowels and consonants 'ㄲ ㄸ ㅃ ㅆ ㅉ' together including Batchim in their proper positions.

no ☐☐☐☐☐ yes

(3) 나는 자음자 'ㄲ ㄸ ㅃ ㅆ ㅉ'가 포함된 단어를 읽을 수 있습니다.
I can read words which include letters of consonants 'ㄲ ㄸ ㅃ ㅆ ㅉ'.

no ☐☐☐☐☐ yes

(4) 나는 'ㄱ ㄷ ㅂ ㅅ ㅈ', 'ㅋ ㅌ ㅍ ㅊ', 'ㄲ ㄸ ㅃ ㅆ ㅉ'의 차이를 인식하고 구별해서 발음할 수 있습니다.
I can distinguish the differences between 'ㄱ ㄷ ㅂ ㅅ ㅈ', 'ㅋ ㅌ ㅍ ㅊ' and 'ㄲ ㄸ ㅃ ㅆ ㅉ' and pronounce them.

no ☐☐☐☐☐ yes

Appendix 1 — 한글 자모의 발음 / Pronunciation of the Vowels & Consonants of Hangeul

ㅏ	ㅓ	ㅗ	ㅜ	ㅡ	ㅣ	ㅐ	ㅔ
[a]	[eo]	[o]	[u]	[eu]	[i]	[e]	[e]
ㅑ	ㅕ	ㅛ	ㅠ			ㅒ	ㅖ
[ya]	[yeo]	[yo]	[yu]			[ye]	[ye]
ㅘ	ㅝ	ㅙ	ㅞ	ㅚ	ㅟ	ㅢ	
[wa]	[wo]	[we]	[we]	[we]	[wi]	[ui]	
ㅁ	ㄴ	ㄹ			ㅇ		
[m]	[n]	[r]/[l]			[ø]/[ng]		
ㅂ	ㄷ		ㅅ	ㅈ	ㄱ		
[b]/[p]	[d]/[t]		[s/sh]/[t]	[j]/[t]	[g]/[k]		
ㅍ	ㅌ			ㅊ	ㅋ	ㅎ	
[p]	[t]			[ch]/[t]	[k]	[h]/[t]	
ㅃ	ㄸ		ㅆ	ㅉ	ㄲ		
tensed [b]	tensed [d]		tensed [s]/[t]	tensed [j]	tensed [g]/[k]		

*'ㄱ, ㄷ, ㅂ, ㅈ'이 음절의 첫소리일 때는 부드러운(약한) [k, t, p, ch]와 비슷하게 발음됩니다.
When 'ㄱ, ㄷ, ㅂ or ㅈ' is the first sound of the syllable, it is pronounced similar to the soft [k, t, p, ch].

*'ㄱ, ㄷ, ㅂ, ㅅ, ㅈ, ㅊ, ㅋ, ㅌ, ㅍ, ㅎ, ㅆ, ㄲ'은 음절의 처음과 끝에서 다르게 발음됩니다.
For 'ㄱ, ㄷ, ㅂ, ㅅ, ㅈ, ㅊ, ㅋ, ㅌ, ㅍ, ㅎ, ㅆ, ㄲ', when pronouncing them for the first and the last sounds of the syllables, it is different.

*'ㄸ, ㅃ, ㅉ'은 받침으로 사용되지 않습니다. 'ㄸ, ㅃ, ㅉ' are not used as a final consonant.

Appendix 2 숫자 Numbers

■ 듣고 글자를 쓰세요. Listen and write the letters.  Track 63

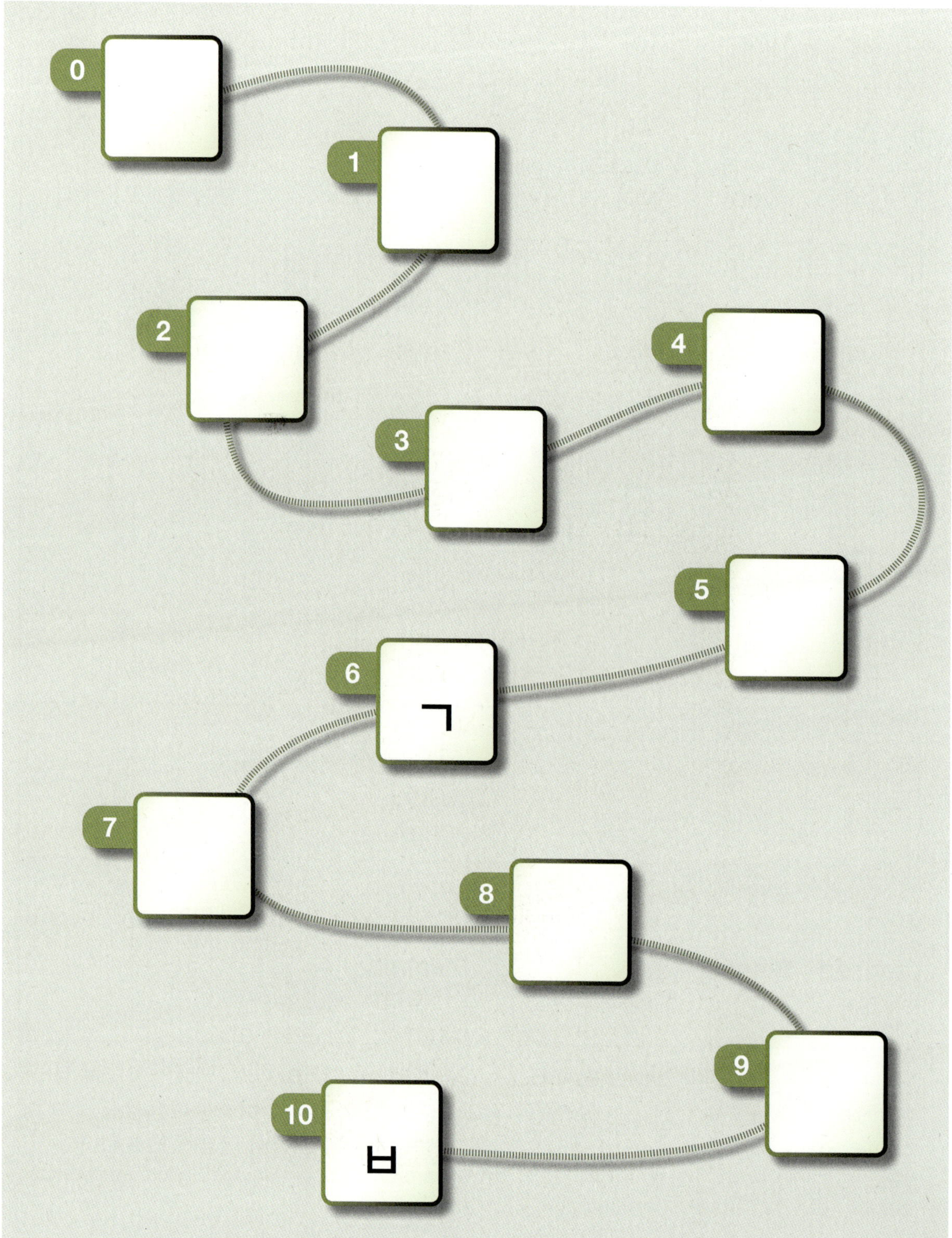

0		
1		
2		
3		
4		
5		
6	ㄱ	
7		
8		
9		
10	ㅂ	

Appendix 3-1 몸 Body

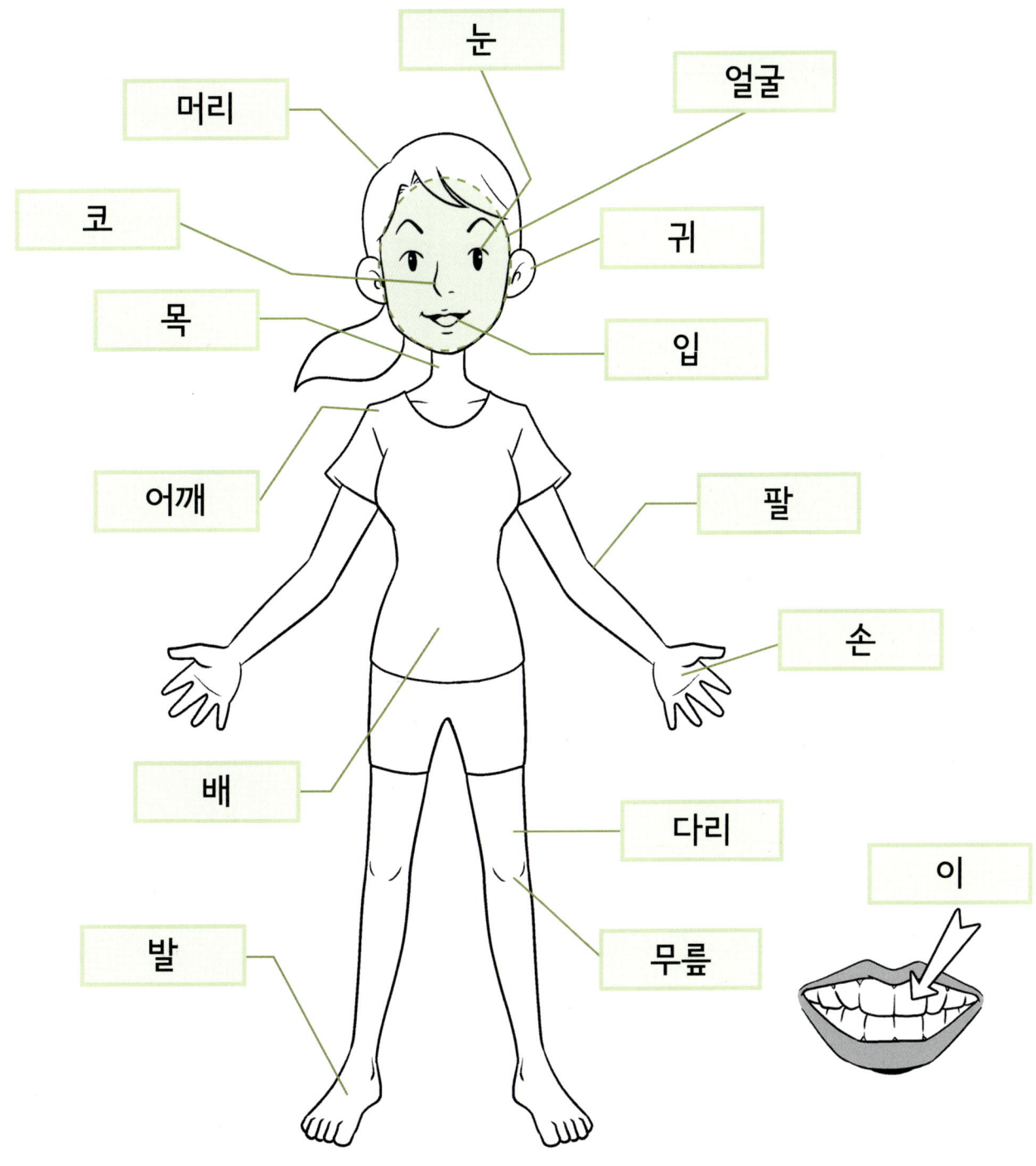

Appendix 3-2 몸 Body

(1) 팀을 나누고 한 명씩 돌아가며 81페이지 그림의 단어를 보세요.
   Divide the team, take turns one by one and look at the word in the drawing on page 81.

(2) 10초 동안 단어를 보고 기억해서 빈칸에 쓰세요.
   Look at the word for 10 seconds, memorize it and write it into the blank space.

(3) 정해진 시간 동안 많은 단어를 정확하게 쓴 팀이 이겨요.
   The team that writes more words within the designated time correctly wins.

Appendix 4 한국 음식 Korean Food

■ 듣고 음식과 가격을 연결하세요. Listen, connect the food and the price.

Q: 얼마예요?
A: _____ 원이에요.
[워니에요]

받침 뒤에 모음이 오면 받침은 다음 음절의 첫소리가 됩니다.
When a final consonant is followed after a vowel, it becomes the first sound of the next syllable.

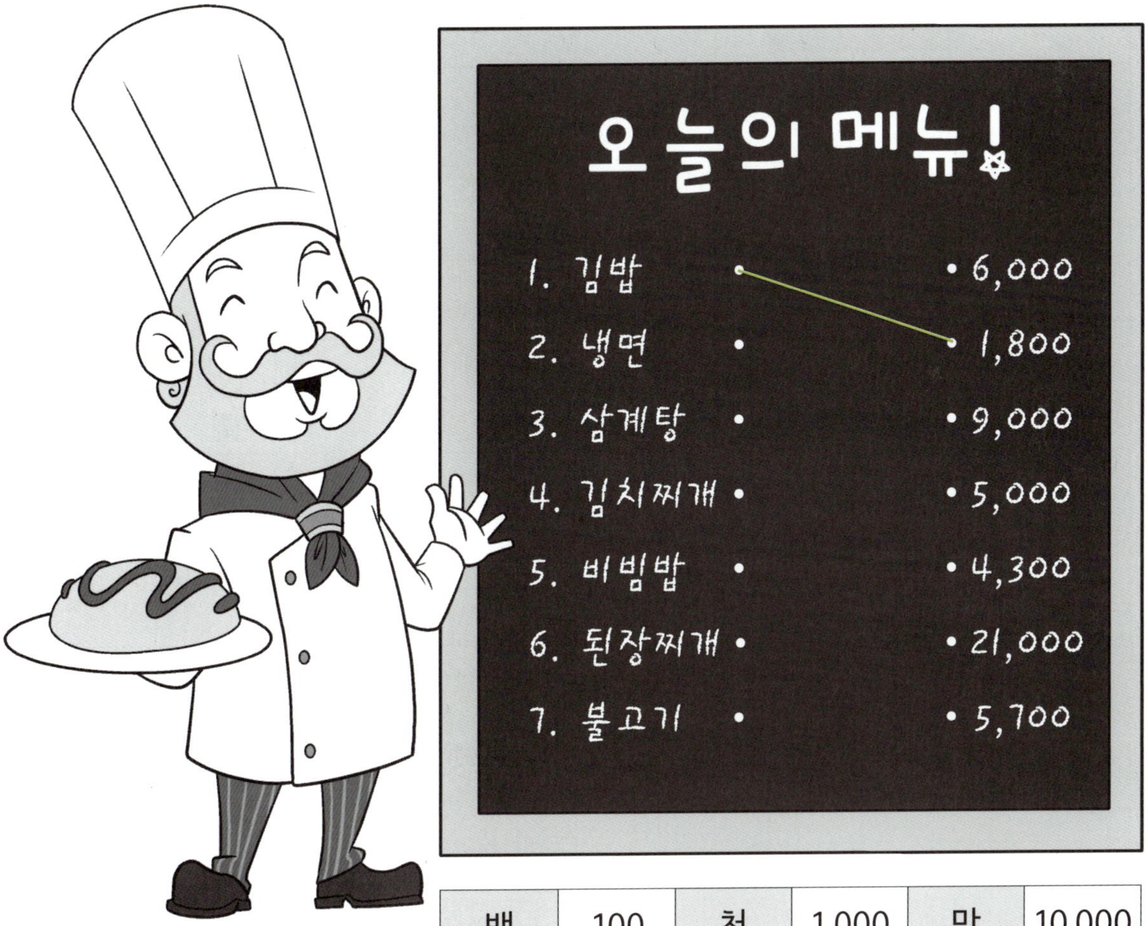

오늘의 메뉴!

1. 김밥 • • 6,000
2. 냉면 • • 1,800
3. 삼계탕 • • 9,000
4. 김치찌개 • • 5,000
5. 비빔밥 • • 4,300
6. 된장찌개 • • 21,000
7. 불고기 • • 5,700

| 백 | 100 | 천 | 1,000 | 만 | 10,000 |

Appendix 5-1　내 물건 My Things

■ 그림을 보고 다음과 같이 질문하고 대답하세요. 친구의 대답을 듣고 단어가 있으면 '네', 없으면 '아니요'에 ✓표시하세요.
Look at the drawing and answer the question as follows. After listening to the answer of your friend, if the word exists, ✓ mark 'Yes', if it doesn't, mark 'No'.

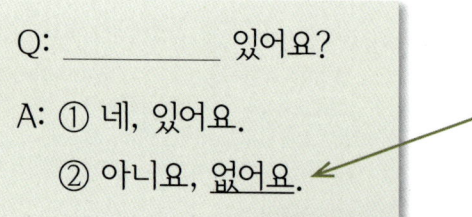

Q: _____ 있어요?
A: ① 네, 있어요.
　　② 아니요, 없어요.

겹받침 뒤에 모음이 오면 오른쪽의 받침이 다음 음절의 첫소리가 됩니다.
When a double final consonant is followed by a vowel, the right one is pronounced as the first sound of the next syllable.

words	answer		words	answer	
가방	☐ 네	☐ 아니요	필통	☐ 네	☐ 아니요
책	☐ 네	☐ 아니요	볼펜	☐ 네	☐ 아니요
안경	☐ 네	☐ 아니요	지갑	☐ 네	☐ 아니요
공책	☐ 네	☐ 아니요	지우개	☐ 네	☐ 아니요
연필	☐ 네	☐ 아니요	모자	☐ 네	☐ 아니요
시계	☐ 네	☐ 아니요	수첩	☐ 네	☐ 아니요
휴대 전화	☐ 네	☐ 아니요	열쇠	☐ 네	☐ 아니요

Appendix 5-2 내 물건 My Things

■ 그림을 보고 다음과 같이 질문하고 대답하세요. 친구의 대답을 듣고 단어가 있으면 '네', 없으면 '아니요'에 √표시하세요.
Look at the drawing and answer the question as follows. After listening to the answer of your friend, if the word exists, √mark 'Yes', if it doesn't, mark 'No'.

Q: _____ 있어요?
A: ① 네, 있어요.
② 아니요, <u>없어요</u>.

겹받침 뒤에 모음이 오면 오른쪽의 받침이 다음 음절의 첫소리가 됩니다.
When a double final consonant is followed by a vowel, the right one is pronounced as the first sound of the next syllable.3

words	answer		words	answer	
가방	☐ 네	☐ 아니요	필통	☐ 네	☐ 아니요
책	☐ 네	☐ 아니요	볼펜	☐ 네	☐ 아니요
안경	☐ 네	☐ 아니요	지갑	☐ 네	☐ 아니요
공책	☐ 네	☐ 아니요	지우개	☐ 네	☐ 아니요
연필	☐ 네	☐ 아니요	모자	☐ 네	☐ 아니요
시계	☐ 네	☐ 아니요	수첩	☐ 네	☐ 아니요
휴대 전화	☐ 네	☐ 아니요	열쇠	☐ 네	☐ 아니요

한국어의 로마자 표기 Conversion of Korean into Roman Alphabet

ㄱ 가 ga

각 gak	간 gan	갈 gal	감 gam	갑 gap
갓 gat	강 gang	개 gae	객 gaek	거 geo
건 geon	걸 geol	검 geom	겁 geop	게 ge
겨 gyeo	격 gyeok	견 gyeon	결 gyeol	겸 gyeom
겹 gyeop	경 gyeong	계 gye	고 go	곡 gok
곤 gon	골 gol	곳 got	공 gong	곶 got
과 gwa	곽 gwak	관 gwan	괄 gwal	광 gwang
괘 gwae	괴 goe	굉 goeng	교 gyo	구 gu
국 guk	군 gun	굴 gul	굿 gut	궁 gung
권 gwon	궐 gwol	귀 gwi	규 gyu	균 gyun
귤 gyul	그 geu	극 geuk	근 geun	글 geul
금 geum	급 geup	긍 geung	기 gi	긴 gin
길 gil	김 gim	까 kka	깨 kkae	꼬 kko
꼭 kkok	꽃 kkot	꾀 kkoe	꾸 kku	꿈 kkum
끝 kkeut	끼 kki			

ㄴ 나 na

낙 nak	난 nan	날 nal	남 nam	납 nap
낭 nang	내 nae	냉 naeng	너 neo	널 neol
네 ne	녀 nyeo	녁 nyeok	년 nyeon	념 nyeom
녕 nyeong	노 no	녹 nok	논 non	놀 nol
농 nong	뇌 noe	누 nu	눈 nun	눌 nul
느 neu	늑 neuk	늠 neum	능 neung	니 ni
닉 nik	닌 nin	닐 nil	님 nim	

ㄷ 다 da

단 dan	달 dal	담 dam	답 dap	당 dang
대 dae	댁 daek	더 deo	덕 deok	도 do
독 dok	돈 don	돌 dol	동 dong	돼 dwae
되 doe	된 doen	두 du	둑 duk	둔 dun
뒤 dwi	드 deu	득 deuk	들 deul	등 deung
디 di	따 tta	땅 ttang	때 ttae	또 tto
뚜 ttu	뚝 ttuk	뜨 tteu	띠 tti	

ㄹ 라 ra

락 rak	란 ran	람 ram	랑 rang	래 rae
랭 raeng	량 ryang	렁 reong	레 re	려 ryeo
력 ryeok	련 ryeon	렬 ryeol	렴 ryeom	렵 ryeop
령 ryeong	례 rye	로 ro	록 rok	론 ron
롱 rong	뢰 roe	료 ryo	룡 ryong	루 ru
류 ryu	륙 ryuk	륜 ryun	률 ryul	륭 ryung
르 reu	륵 reuk	른 reun	름 reum	릉 reung
리 ri	린 rin	림 rim	립 rip	

ㅁ 마 ma

막 mak	만 man	말 mal	망 mang	매 mae
맥 maek	맨 maen	맹 maeng	머 meo	먹 meok
메 me	며 myeo	멱 myeok	면 myeon	멸 myeol
명 myeong	모 mo	목 mok	몰 mol	못 mot
몽 mong	뫼 moe	묘 myo	무 mu	묵 muk
문 mun	물 mul	므 meu	미 mi	민 min
밀 mil				

ㅂ 바 ba

박 bak	반 ban	발 bal	밥 bap	방 bang
배 bae	백 baek	뱀 baem	버 beo	번 beon
벌 beol	범 beom	법 beop	벼 byeo	벽 byeok
변 byeon	별 byeol	병 byeong	보 bo	복 bok
본 bon	봉 bong	부 bu	북 buk	분 bun
불 bul	붕 bung	비 bi	빈 bin	빌 bil
빔 bim	빙 bing	빠 ppa	빼 ppae	뻐 ppeo
뽀 ppo	뿌 ppu	쁘 ppeu	삐 ppi	

ㅅ 사 sa

삭 sak	산 san	살 sal	삼 sam	삽 sap
상 sang	샅 sat	새 sae	색 saek	생 saeng
서 seo	석 seok	선 seon	설 seol	섬 seom
섭 seop	성 seong	세 se	셔 syeo	소 so
속 sok	손 son	솔 sol	솟 sot	송 song
쇄 swae	쇠 soe	수 su	숙 suk	순 sun
술 sul	숨 sum	숭 sung	쉬 swi	스 seu
슬 seul	슴 seum	습 seup	승 seung	시 si
식 sik	신 sin	실 sil	심 sim	십 sip
싱 sing	싸 ssa	쌍 ssang	쌔 ssae	쏘 sso
쑥 ssuk	씨 ssi			

ㅇ	아 a					ㅋ	카 ka				
	악 ak	안 an	알 al	암 am	압 ap		코 ko	쾌 kwae	크 keu	큰 keun	키 ki
	앙 ang	앞 ap	애 ae	액 aek	앵 aeng	ㅌ	타 ta				
	야 ya	약 yak	얀 yan	양 yang	어 eo		탁 tak	탄 tan	탈 tal	탐 tam	탑 tap
	억 eok	언 eon	얼 eol	엄 eom	업 eop		탕 tang	태 tae	택 taek	탱 taeng	터 teo
	에 e	여 yeo	역 yeok	연 yeon	열 yeol		테 te	토 to	톤 ton	톨 tol	통 tong
	염 yeom	엽 yeop	영 yeong	예 ye	오 o		퇴 toe	투 tu	퉁 tung	튀 twi	트 teu
	옥 ok	온 on	올 ol	옴 om	옹 ong		특 teuk	틈 teum	티 ti		
	와 wa	완 wan	왈 wal	왕 wang	왜 wae	ㅍ	파 pa				
	외 oe	왼 oen	요 yo	욕 yok	용 yong		판 pan	팔 pal	패 pae	팽 paeng	퍼 peo
	우 u	욱 uk	운 un	울 ul	움 um		페 pe	펴 pyeo	편 pyeon	펨 pyeom	평 pyeong
	웅 ung	워 wo	원 won	월 wol	위 wi		폐 pye	포 po	폭 pok	표 pyo	푸 pu
	유 yu	육 yuk	윤 yun	율 yul	융 yung		품 pum	풍 pung	프 peu	피 pi	픽 pik
	윷 yut	으 eu	은 eun	을 eul	음 eum		필 pil	핍 pip			
	읍 eup	응 eung	의 ui	이 i	익 ik	ㅎ	하 ha				
	인 in	일 il	임 im	입 ip	잉 ing		학 hak	한 han	할 hal	함 ham	합 hap
ㅈ	자 ja						항 hang	해 hae	핵 haek	행 haeng	향 hyang
	작 jak	잔 jan	잠 jam	잡 jap	장 jang		허 heo	헌 heon	험 heom	헤 he	혀 hyeo
	재 jae	쟁 jaeng	저 jeo	적 jeok	전 jeon		혁 hyeok	현 hyeon	혈 hyeol	혐 hyeom	협 hyeop
	절 jeol	점 jeom	접 jeop	정 jeong	제 je		형 hyeong	혜 hye	호 ho	혹 hok	혼 hon
	조 jo	족 jok	존 jon	졸 jol	종 jong		홀 hol	홉 hop	홍 hong	화 hwa	확 hwak
	좌 jwa	죄 joe	주 ju	죽 juk	준 jun		환 hwan	활 hwal	황 hwang	홰 hwae	횃 hwaet
	줄 jul	중 jung	쥐 jwi	즈 jeu	즉 jeuk		회 hoe	획 hoek	횡 hoeng	효 hyo	후 hu
	즐 jeul	즘 jeum	즙 jeup	증 jeung	지 ji		훈 hun	훤 hwon	훼 hwe	휘 hwi	휴 hyu
	직 jik	진 jin	질 jil	짐 jim	집 jip		휼 hyul	흉 hyung	흐 heu	흑 heuk	흔 heun
	징 jing	짜 jja	째 jjae	쪼 jjo	찌 jji		흘 heul	흠 heum	흡 heup	흥 heung	힘 him
ㅊ	차 cha						히 hi				
	착 chak	찬 chan	찰 chal	참 cham	창 chang
	채 chae	책 chaek	처 cheo	척 cheok	천 cheon
	철 cheol	첨 cheom	첩 cheop	청 cheong	체 che
	초 cho	촉 chok	촌 chon	총 chong	최 choe
	추 chu	축 chuk	춘 chun	출 chul	춤 chum
	충 chung	측 cheuk	층 cheung	치 chi	칙 chik
	친 chin	칠 chil	침 chim	칩 chip	칭 ching

듣기 대본 및 정답 Listening script & Answer

1과 (1) 모음자 1 Vowels 1

p. 11 Practice 1

(1) ① 아 (2) ② 이 (3) ① 어
(4) ① 오 (5) ② 우 (6) ① 애

Practice 2

(1) 애 → 으 → 아 (2) 우 → 오 → 어 (3) 으 → 이 → 오

p. 12 Practice 3

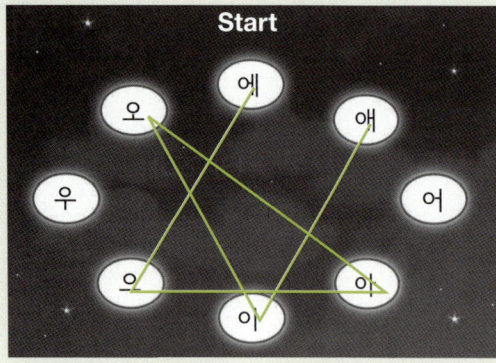

p. 13 Practice 4

(1) ② 어이 (2) ① 우아 (3) ① 으이
(4) ② 우애 (5) ① 에이 (6) ② 오우
(7) ① 이오 (8) ② 오어

p. 14 Practice 5

(1) 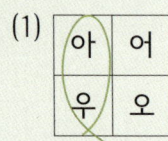 (2) 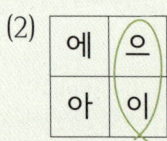 (3)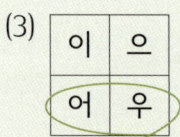

(4) 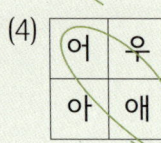 (5)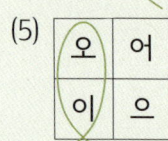

듣기 대본 및 정답

Practice 6

(1) 아이 (2) 오어 (3) 우아
(4) 으이 (5) 이오 (6) 우어

p. 16 Review 1

1. 아, 어, 이, 애, 에 / 오, 우, 으 / 오이, 아이, 에이

2. (1) ② 이 (2) ② 우 (3) ① 오
   (4) ② 어 (5) ② 어이 (6) ① 우애
   (7) ① 오우 (8) ② 이으

3. (1) 이우 (2) 어아 (3) 으이
   (4) 우오

1과 (2) 자음자 1 Consonants 1

p. 21 Practice 1

(1) ① 나 (2) ② 모 (3) ② 버
(4) ② 시 (5) ① 고 (6) ① 대
(7) ② 부 (8) ② 지

Practice 2

(1) 가 (2) 소 (3) 내
(4) 러 (5) 무 (6) 기

Practice 3

(1) 구 → 누 → 노 → 도 (2) 디 → 리 → 러 → 버 (3) 스 → 시 → 지 → 기

p. 23 Practice 4

(1) ① 나무 (2) ② 지도 (3) ② 고수
(4) ① 도로 (5) ① 부모

Practice 5

(1) 비누 (2) 아버지 (3) 다리
(4) 고구마 (5) 세배 (6) 사거리
(7) 버스 (8) 라디오

듣기 대본 및 정답 **89**

p. 24 Practice 6

(1) 주스　　(2) 지도　　(3) 가구
(4) 바나나　(5) 머리　　(6) 소고기

p. 26 Review 2

1. 가 나 다 라 마 바 사 아 자 / 구 누 두 루 무 부 수 우 주
   기 니 디 리 미 비 시 이 지 / 개 내 대 래 매 배 새 애 재

2. (1) ① 구　　(2) ② 버　　(3) ① 새
   (4) ① 도　　(5) ② 너무　(6) ② 수비
   (7) ② 두고　(8) ① 조리

3. (1) 도구　　(2) 마리　　(3) 너비
   (4) 소주

2과 (1) 이중모음자 1 Combined vowels 1

p. 30 Practice 1

(1) ① 우　　(2) ① 애　　(3) ② 여
(4) ① 요　　(5) ② 료　　(6) ① 슈

Practice 2

(1) 머　　(2) 고　　(3) 애
(4) 셔　　(5) 류　　(6) 묘

Practice 3

(1) 아 → 야 → 어 → 여　(2) 고 → 교 → 구 → 규　(3) 벼 → 뷰 → 묘 → 며

p. 32 Practice 4

(1) 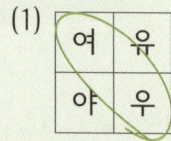　(2) 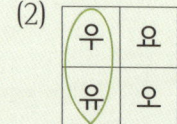　(3)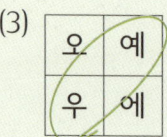

(4) 아 야 / 어 여　(5) 요 여 / 야 유

듣기 대본 및 정답

Practice 5
(1) 여우 (2) 야자 (3) 서류
(4) 교수 (5) 자유 (6) 메뉴
(7) 얘기 (8) 시계

p. 33 Practice 6
(1) 우유 (2) 야수 (3) 요리
(4) 뉴스 (5) 겨자

Activity 1
(1) 에이 (2) 규수 (3) 유리
(4) 여자 (5) 서류 (6) 야유

p. 36 Review 3

1. 아 어 오 우 애 에 / 야 여 요 유 얘 예 / 아야 여우 야유 이유 우유 여유 교수 뉴스 메뉴 시계 서류 겨자

2. (1) ② 여   (2) ② 유   (3) ② 요
   (4) ① 얘   (5) ① 며   (6) ① 샤
   (7) ② 규수   (8) ② 고료

3. (1) 유아   (2) 야구   (3) 요리
   (4) 여자

2과 (2) 자음자 2 Consonants 2

p. 40 Practice 1
(1) ② 카 (2) ② 토 (3) ① 부
(4) ① 지 (5) ② 해

Practice 2
(1) 다 (2) 초 (3) 퍼
(4) 구

Practice 3

(1) 코 → 커   (2) 푸 → 피   (3) 차 → 추
(4) 호 → 히   (5) 타 → 터

p. 42 Practice 4

(1) ② 오해   (2) ① 기자   (3) ① 쿠키
(4) ① 부패   (5) ② 도보

Practice 5

(1) 우표   (2) 하마   (3) 노트
(4) 파도   (5) 처마   (6) 코피

p. 43 Activity 1

코피 → 우이 → 보모 → 도포 → 유자 → 지도 → 기차 → 치다 → 토기:

p. 46 Review 4

1. 가 다 바 자 / 카 타 파 차 하 / 구 두 부 주 / 쿠 투 푸 추 후

2. (1) ② 코   (2) ① 두   (3) ② 피
   (4) ② 차   (5) ① 주자   (6) ② 기타
   (7) ① 포도 (8) ① 가구

3. (1) 기초   (2) 투구   (3) 파티
   (4) 쿠키

3과 받침 1 Final Consonant 1

p. 50 Practice 1

(1) ② 암   (2) ② 엉   (3) ① 율
(4) ② 은   (5) ② 옴   (6) ① 일

Practice 2

(1) 농   (2) 탈   (3) 춘
(4) 별   (5)   (6) 긴

Practice 3
(1) 운 → 움 → 울 → 웅
(2) 온 → 암 → 일 → 응
(3) 눈 → 몸 → 술 → 강

3과 받침 2 Final Consonant 2

p. 55 Practice 4
(1) ① 집
(2) ① 공
(3) ② 물
(4) ② 책
(5) ① 낮
(6) ② 숲
(7) ② 득
(8) ① 밥

Practice 5
(1) 얻
(2) 놈
(3) 숲
(4) 벽
(5) 짓
(6) 독

Practice 6
(1) 앞 → 앗 → 악
(2) 궂 → 국 → 굽

p. 57 Practice 7
(1) ① 공책
(2) ② 안경
(3) ② 한국
(4) ① 지갑
(5) ① 음식

Practice 8
(1) 저녁
(2) 한글
(3) 동전
(4) 콩팥
(5) 밤낮
(6) 필통

p. 60 Review 5
1. 안 암 알 앙 / 악 앆 / 압 앞 / 앋 앝 앗 앚 앛 앟

2. (1) ② 돈
   (2) ② 궁
   (3) ① 밥
   (4) ① 섬
   (5) ① 물
   (6) ② 갓
   (7) ② 벽
   (8) ① 낮

3. (1) 수박   (2) 연필   (3) 팝콘
(4) 음식

4과 (1) 이중모음자 2 Combined vowels 2

p. 66 Practice 1
(1) ② 와   (2) ② 위   (3) ① 우어
(4) ① 으이   (5) ② 워   (6) ② 외
(7) ② 웨   (8) ① 의

Practice 2
(1) 시   (2) 봐   (3) 돼
(4) 뭐   (5) 쥐   (6)

Practice 3
(1) 와 → 워 → 의   (2) 쉬 → 쥐 → 좌   (3) 과 → 궈 → 춰

p. 68 Practice 4
(1) 의도   (2) 사위   (3) 과자
(4) 원장   (5) 돼지   (6) 쉬세요
(7) 회사   (8) 매워요

Practice 5
(1) 의사   (2) 과일   (3) 키위
(4) 공원   (5) 영화   (6) 추워요

p. 69 Activity 1
(1) 회사   (2) 귀   (3) 추워요
(4) 강건   (5) 의사   (6) 위
(7) 도와요   (8) 외국

p. 70 Review 6
1. 와 워 위 왜 웨 외 의 / 의자 가위 더워요

듣기 대본 및 정답

2. (1) ② 웨 　　　(2) ② 워 　　　(3) ① 의
　　(4) ② 외 　　　(5) ② 궈 　　　(6) ① 쉬
　　(7) ① 봐 　　　(8) ② 죄

3. (1) 사과 　　　(2) 거위 　　　(3) 병원
　　(4) 화장

4과 (2) 자음자 3 Consonants 3

p. 73 Practice 1

(1) ① 고 　　　(2) ② 뚜 　　　(3) ② 빼
(4) ① 사 　　　(5) ① 까 　　　(6) ① 또
(7) ② 푸 　　　(8) ② 치

Practice 2

(1) 키 　　(2) 대 　　(3) 뿌
(4) 차 　　(5) 쑤

Practice 3

(1) 구 → 쿠 → 꾸 　　(2) 파 → 빠 → 바 　　(3) 초 → 조 → 쪼

p. 75 Practice 4

(1)
도	기
키	끼
(도, 끼 circled)

(2)
다	따
타	라
(따, 라 circled)

(3)
치	지
도	찌
(지, 찌 circled)

(4)
싸	짜
사	요
(싸, 짜 circled)

(5)
빠	바
파	도
(파, 도 circled)

Practice 5

(1) ② 풀 　　　(2) ③ 빵 　　　(3) ③ 딸
(4) ① 공 　　　(5) ③ 칸 　　　(6) ③ 쭉
(7) ① 살

p. 76 Practice 6

(1) 오빠 (2) 뼈 (3) 써요
(4) 꿈 (5) 진짜 (6) 머리띠

p. 80 Appendix 2 숫자 Numbers

공 일 이 삼 사 오 육 칠 팔 구 십

p. 83 Appendix 4 한국 음식 Korean Food

(1) 천팔백 원이에요. (2) 육천 원이에요. (3) 구천 원이에요.
(4) 사천삼백 원이에요. (5) 오천칠백 원이에요. (6) 오천 원이에요.
(7) 이만 천 원이에요.